資本主義の超克

思想史から見る日本の理想

小野耕資

展転社

はじめに

問題関心の所在

グローバリズムあるいは新自由主義の大きな特徴として、政治が経済に従属させられることがある。現代はまさに経済が政治を支配する時代である。それは保護貿易的であると言われているドナルド・トランプ大統領や、イギリスのEU離脱の主役である英国独立党にすら当てはまる。彼らが金融資本と存外融和的であることからしても、それは明らかであろう。グローバリズムは、深刻な富の偏頗と政治的大義の喪失を招いたのである。

こうした時代背景を踏まえ、現代にいかなる考えが求められているだろうか。わたしはグローバリズム、新自由主義の背景にある資本主義に根本的な批判を行うことであると思う。資本主義は自己利益の追及を是とする思想である。人は誰も自己利益に弱い存在であることは疑いない。だが、自己利益以上の価値もあるのではないだろうか。それは伝統であり、共同体である。そしてそれらの価値を体現する存在として、わが国は肇国より皇室を戴いてきた。そうした価値は資本主義体制下では考慮されないのである。

戦前、多くの思想家が資本主義に対する疑問、そしてその超克を論じていた。われわれは、その思想を再び参照したうえで、現代そして将来を考える必要がある。戦後のいわゆる「保守派」は冷戦的価値観から資本主義と妥協した。しかし彼らの中にすら、資本主義を克服する萌芽は見られる。それを大きく育んでいく必要があるだろう。

資本主義への挑戦

小林よしのり氏が『戦争論』で打ち出したのは、資本主義への挑戦であった。小林氏は『戦争論』の冒頭で「平和である／なんだかんだ言っても…／日本は平和である／世の中は不況だリストラだと言ってるが／ワイン教室に通って勉強するおっさんやらソムリエ目指す娘もいるらしい／大蔵省と金融業界の接待癒着を非難しながら／公務員は私益を考えてはならぬ公益のみだとクギを刺し／自分は規制緩和だとはしゃいで未だに金もうけ以外の価値は見つけられない」（7～8頁、／は改行）と言い、「日本の個人主義者は国家が嫌いである／権力も嫌いである／そしてこの平和が自明のものであり税金さえ払えば手に入るサービスだと思っている／日本の個人はまるで消費者なのだ‼」（18頁、／は改行）と論じていた。もちろん『戦争論』はいわゆる戦後サヨクに対する批判の書なのだが、その冒頭にぶつけてきたのは大衆消費社会への疑問であった。小林氏に限らず、「つくる会」に代表される言論の動きは、決して共産主義に対する資本主義の優位を主張するものではなかった。むしろ、大義のない戦後社会で「守るべき価値」を問い、「個より公」、「伝統の尊重」を訴えたところに大きな特徴があった。

歴史を振り返ると、進歩的文化人の活躍は昭和四十年から五十年代ごろに低調となり、代わりに登場したのが「保守」論壇人であった。彼らは進歩的文化人が唱えた理想主義に対して現実主義を対置し、言論戦を展開していった。だが、彼らは冷戦的価値観から、戦後のビジネス文化を根本的に否定するにまでは至らなかった。彼らの言論は与党自民党と深く結びついたものであり、事実上自民党政治を援護射撃するためのものであったと言えよう。

その意味で小林氏の議論はいわゆる「保守」に新風を吹き込んだものであったし、戦後社会に強い批判を投げかけるものであったが、同時にそれは小林氏の議論を比較的好意的に受け止めた資本主義を支持する側にも大いに問い直しを迫るものであった。小林氏や西尾幹二氏、西部邁氏などの一連の著作はそれまでの自民党政治と結びついた「保守」の在り方に対しても疑問を投げかけるものとなるはずであった。現に小林氏、西尾氏、西部氏の三人とも安倍政権を支持していないのである。にも拘わらず、これらのことはほとんど自覚されずに来た。

高度に大衆消費社会が進行した今日の日本社会では、「公」の観念が見えにくくなり、「私」が蔓延した。公に見えるものも、突き詰めれば政治家や官僚、大企業の「私」にすぎなかった。どこまでいっても私利私欲ばかり。我利我利亡者が徘徊する末法の現世に対する抵抗の観念が、「公」である。

もちろん「おおやけ」とは「大きな家」が語源である。その意味で「公」はもともと有力者の「私」にすぎないではないか、という議論は昔からあった。しかし「大きな家」には全体のことを考えなければならないという倫理的制約があった。これは何も日本に限った話ではない。例えば英国にはノブレスオブリッジがあり、支那には士大夫の使命があった。これらは経済格差によって社会が分裂しかねない状況に対する先人の知恵といってもよいだろう。この先人の知恵が決定的に衰退してしまったのは、資本主義が導入されたからである。私利私欲に基づき行動しても「神の見えざる手」によって自然と利害関係が調整されるというなら、そこに道徳の出番はないのである。ところが、現代の金融資本の行き詰まりや、グローバル化の進展とその限界の露呈により、ついに「公」の観念や道徳の必要性が明らかになった。

「愛国の側からの資本主義への挑戦」。それはなかなか自覚されなかったが、いまだからこそ求められている概念ではないだろうか。

冷戦という概念が経済、外交、思想を変えた

わたしが愛国的立場から資本主義を批判することは、冷戦期の右翼＝資本主義、左翼＝社会主義、共産主義という図式からすれば理解しがたいことであろう。しかし上記のような図式は冷戦という一時的な期間でのみ有効なものにすぎない。ソビエト連邦が登場してから崩壊を迎えるまでの期間は、経済だけでなく外交、思想などあらゆる概念が資本主義陣営に入るか、共産主義陣営に入るかという二者択一に染め変えられていった。それは冷戦の崩壊と

共に改められなければならなかったが、いまに至るまでその残滓はしつこくわれわれを拘束するのである。

時に冷戦期の図式にとらわれている者は、反資本主義はすなわち反國體的であるかのように思い込んでいる場合がある。小泉政権によるカイカクの嵐が吹き荒れているときは、それに賛成しない連中はサヨクなのだという言い方もあった。いまも自民党や安倍総理が大好きで応援しなければならない、安倍総理を批判する奴は左翼に違いないといった考えを持つ人もいるようだ。特にいまは、安倍総理という自民党の中でも「保守派」と言われがちな人物が率いているだけに、より一層そういう言い方もされやすくなっている。だがこうした自民党好きの方が往々にして大嫌いな共産支那は「共産」とは名ばかりで、その経済体制は今や立派な資本主義国である。果たして資本主義対共産主義という図式は今も有効なのだろうか。

竹内靖雄の『「日本」の終わり』では、保守主義者の姿を以下のように描写している。竹内は「保守主義者」に対して非常に批判的な論調をとっているが、「保守主義」に対する認識について大いに考えさせるものがある。ちなみに竹内は無政府資本主義（アナルコ・キャピタリズム）ともいえる立場である。

もともと保守主義は何かを守るために戦うというよりも、何かに反対して文句をつけるカウンター・イデオロギーである。保守派が戦意をかきたてる真の敵は、実は資本主義なのである。彼らが規制緩和に反対し、秩序ある、管理された市場が必要だといっているのは「ソフィスケートされた」日本型社会主義を擁護していることになるが、競争や優勝劣敗の世界を嫌い、金儲けを目的とする「資本主義の精神」を軽蔑し、貧富の格差が生じることを犯罪のように憎むことにかけては、戦前の日本の国家社会主義者、軍の革新派の将校グループなどの心情と相通ずるものがある。つまり今日の保守派もまた、戦前からの国家社会主義者の系譜につながる由緒正しい社会主義者なのである。

戦前の国家社会主義者は外来のマルクス主義に猛烈な敵意を示し、時には「超国家主義者」、「右翼」、「ファシスト」、「天皇主義者」などと見られていた。今日の保守派もまったく同じで、一貫して反マルクス主義の立場をとっていた。「とっていた」と過去形になるのは、それが冷戦時代の彼らの態度だったからである。米ソ対立の時代には、この保守派は親米、反ソで、マルクス・レーニン主義のソ連陣営を敵と見なすからには、アメリカ側について資本主義の支持にまわることも意に介さなかった。（中略）しかし冷戦の終わりとともに、マルクス・レーニン主義のソ連、中国が変質し、敵はいなくなってしまった。その時、保守派は本来の社会主義者の自分に戻り、日本型社会主義を「保守」するという使命を自覚するとともに、戦うべき本来の敵を見出したのである。その敵とは、資本主義の本家アメリカであり、「アメリカ型資本主義」であり、規制緩和、競争、小さな政府をめざす「改革派」のエコノミストたちである。したがって、この日本の保

守派が奉じる「三種の神器」は一に「反資本主義」、二に「嫌米」、三に「嫌民主主義」ということになる。（274～275頁）

竹内は他にも、人は利己主義、個人主義、拝金主義なのだからそれにのっとっている資本主義のほうが良い、利己心をむき出しにして競争すべきだ、と言っている。

しかしそうした思想で善良な社会が築けるかはなはだ疑問だ。そうして行き着く社会は、相互不信の足の引っ張り合う社会ではないだろうか。それが目指すべき日本だとはわたしには到底思えない。竹内のような無政府資本主義の人間は、政府による秩序を信用しない。市場による秩序に、権力者の恣意に依らない公正な秩序を期待する。だがそうした市場への期待は幻想にすぎないだろう。

日本が目指すべき価値観

資本主義の問題点は、それが日本社会に導入された明治期から既に一部の先覚には自覚されていた。戦前、戦後の心ある思想家の論考は、資本主義と共産主義の双方の欠点を自覚し、それに依らない國體への確信に満ちている。したがってわれわれは彼らの真摯な論考に耳を傾け、学び続ける中で日本社会のあるべき姿を描かなければならないだろう。

一例を挙げたい。葦津珍彦は『天皇制への疑問と回答』で、次のように述べている。

封建主義、資本主義、社会主義、それがどんな意味で用ゐられるかといふことが、実は問題なのだが、ここでは一般多数の用法にしたがふことにする。それは歴史の進展とともに発展して来た政治、経済体制または体制思想を意味してゐると解釈しよう。そのやうに解釈するならば、日本の国体は、それらの各段階の経済体制の何れとも消長存亡を共にするものではなくして、遙かに悠久な生命を保ちつづけるものだといはねばならない。（51頁）

経済体制は経済体制でしかなく、國體はそれを超えて存在するものであるという。言い換えると、経済体制は守るべき価値ではなく、國體こそが守るべき価値の源泉ということにもなろう。経済体制は国家の実情、国家そのものが目指すべき方向、そして国家が伝統的に培ってきた価値観に従って決められるべきなのだ。

ではわが国が目指すべき方向、そして国家が伝統的に培ってきた価値観とは何であろうか。各自思うところがあるだろうが、わたしは「冷戦期」が始まる前の日本人が描いた思想に立ち返ることが一つの思考材料になりうると考えている。また、戦前、戦後においても、資本主義対共産主義という二項対立にとらわれずあるべき姿を思考した人物もいる。そうした思想家の思索に触れることも有効であろう。それはいわゆる「右翼的」な人物においてはもちろんそうだが、「左翼的」な人物においてすらもわが国独自の政治の在り方が模索されていたのである。そこで過去の思想家の主張を参照することで、経済体制と思想、守るべき価値について考えてみようと思う。

平成二十年に、金子宗徳氏が「『保守』に対する疑惑」という講演を行った。そこでは、現代の高度資本主義による大衆消費社会には国家観が決定的に欠けており、これと闘わずして日本は維持できないのではないか。戦後の自称「保守」は何にもまして守るべき価値を問い詰めてこなかった。かつて里見岸雄をはじめとして天皇を中心とした日本人の共存共栄が模索されていた。今日においては、財界と左翼の野合による日本解体を阻止することが必要であると述べている（『国体文化』平成二十年十月号16～27頁、同二十一年一月号24～37頁）。

本稿の貴重な先行研究と言えよう。

本稿には様々な思想家が登場する。各人が真剣に考え、発言しているがゆえにその思想は多様である。また、似たような国家観を持っていると思われる人物同士が批判しあったり、微細に見ればその思想史は複雑極まる。それらの思想展開を細かく網羅することは難しいが、各人ができるだけどのような発想で論じていたか紹介していきたいと考えている。

本稿は過去を題材にするが、その問題関心は現代、そして将来に開かれている。わたしは本稿を、過去を実証するために書いたのではない。わたしは、わが国の現代、そして未来を切り開く一助となるために筆を執ったのである。

資本主義の超克——思想史から見る日本の理想◎目次

第二章　社会主義の由来とその展開

カバーデザイン　クリエイティブ・コンセプト（江森恵子）

※歴史上の人物は敬称略
在命中の方については最小限の敬称を付した。
※初出：『国体文化』平成二十九年四月号から平成三十年九月号

第一章　資本主義とその批判

第一節　資本主義、利己主義とその克服

資本主義というイデオロギー

人類は遥か昔から商売を営んできたし、これからもそうしていくだろう。だがそうした商行為は世の現実であって、思想ではない。本稿で登場する人物の中にもこうした商行為を当然とした人は大勢いる。例えば中江兆民は『三酔人経綸問答』で支那は「一大販路」であると主張していたし（岩波文庫版２０３頁）、陸羯南も支那への経済進出を訴えていた。もっとも、こうした経済進出論は帝国主義の当時の情勢下では比較的穏健な考えであったし、中江の『三酔人経綸問答』でも領土奪取を主張する豪傑君を諌める文脈で出てくる議論である。

商行為は広く行われてきた現実だとしても、資本主義はそれをイデオロギー化させている点に特徴がある。そしてイデオロギーであるはずの資本主義が現実の商行為を変質させているところに問題があるのではないだろうか。資本主義は自己利益の極大化を全く否定せず、また社会がその思想の射程にないために反国家的思想となる。山川均は、「今日の社会では、芸術の才能のある人も、真に芸術に一身を捧げることは出来ぬ。学問の才能のある人も、真に学問に没頭することを許されぬ。何故ならば今日の経済組織の下では、全ての人は、芸術

家たる前に、科学者たる前に、否な父たり母たり、妻たり同僚たる前に、必ず先づ商売人とならねばならぬからである」（『近代日本思想体系19　山川均集』52頁）と指摘している。人は社会の一員たる前に商売人たらねばならない社会、それが資本主義社会であるというのである。あるいはそれは、共同体を無視して利潤を追求せざるを得ない、と言い換えてもよいだろう。歴史的に生み出された共同体による秩序を破壊し、効率化の旗印の下、経済圏は国家の枠を超えて活動し、政府はその経済圏に対応を迫られるようにその垣根を低くするのである。

資本は本質的に越境性を持っている。そこにないものをよそから持ち込んで、その対価として金銭を得ることが商売の始まりであることからもそれは察することができよう。そして自由に各人が利害に基づき競争することで「神の見えざる手」が働き利害は調整されるという考えの視界にあるものは「個人」と「市場」の関係のみであり、国家や社会がその前提に存在しない。資本主義が反国家的思想となる所以である。市場は盛んになればなるほどその領域を広げ、国家の枠にとらわれない。だから市場を重んじる資本主義からは国家を重んじる論理を生み出すことができない。福沢諭吉が「立国は私なり」と言ったのは生活の中から生まれる「私情」にしか立国の理屈を生み出せないということの表れなのである。

人間は社会的存在であり、その発想の由来となる言語は歴史的、社会的に形成されたものだ。「市場」の領域と「社会」の領域は必ずしも一致しない。なぜなら「市場」を形成する上で念頭におかれている人間像は社会に生きる存在ではなく、自己の利害関係のみを追求する存在だからだ。だがそれは現実的な人間像に基づいていない。したがって実際の人間と齟齬をきたし、立ち行かなくなるのである。グローバル化がうまくいかない理由はここにある。

こうした形の資本主義の進展は、元来歴史や伝統、地域のつながりによって阻まれるか、進行を遅らせられる類のものである。だが、戦後日本は特にこの抵抗力が弱かった。それはなぜだろうか。

今も昔も日本の「保守派」は、要は親米反共であり、資本主義者であった。日本の伝統を守るとか、皇室を尊崇するとか、そういったことは「反共」の目的で後から見出されたにすぎなかった。だから資本主義が愛国心の源泉である故郷を破壊しても、経済格差によって国民が一体となれなくなっても、「親米反共資本主義礼賛」を続けた。あるいは櫻田淳氏の『「常識」としての保守主義』のように、「自由と民主主義を守るのが保守」「保守は極端なナショナリズムを排する」と称し上記の姿勢を擁護する向きまで現れた。こういう「知識人」が自民党を支えている(『「常識」としての保守主義』は自民党の機関紙に連載したものが下敷きになっている)。ある意味櫻田氏のような論調は自民党あるいは戦後の「保守派」の姿勢にきわめて忠実な見解ではないだろうか。このような論客ばかりなら、資本主義の進展に対する抵抗など望むべくもないだろう。

では、このように市場を重んじる考えが広まったのはいつからだろうか。日本に本格的な資本主義がもたらされた明治時代の思想状況を見てみよう。

福沢諭吉の市場論

福沢諭吉が『学問のすゝめ』で「天は人の上に人を造らず人の下に人を造らずと言えり」と言ったように、人はみな平等であるという思想がよく唱えられる。だがその福沢も直後に「かしこき人」も「おろかなる人」も、「貧しき」も「富める」もあることを当然のこととして認め、その差を学問の差であるとしている（岩波文庫版11頁）。そのうえで「同等とは有様の等しきを言うに非ず、権理通義の等しきを言うなり」としている（岩波文庫版21頁）。福沢に限らず、『結果の平等』ではなく『機会の平等』が必要なのだ」とか、「悪平等を排す」という言い方がなされる。そのうえで市場競争や国内における格差が容認されるべきであるかのような言説につながっていく。

坂本多加雄は福沢の理想とした「文明社会」を「市場社会」と捉えている（『市場・道徳・秩序』7頁）。福沢の「文明社会」は「愛と恐怖」ではなく「交換関係」にある「相互性」の主張であるという（10頁）。君主が人民に対して思うような「情愛」は「競争」の反対であり、保護という、生殺与奪の権力を持つ「情愛」よりも明確な対価を持つ「競争」を評価した（同16頁）。それは『西洋事情』を書いた時点で「一種の情合を存して互に身を棄てゝ憚ることなきは家族の間柄なれども、今家を出て世間を見るに、斯る情合の存する所なく、人々自から我路を行き我職を務め我趣意を達せんとして先を争わざる者なし。是即ち世人相励み相競うの性情にて、世のために益をなすこと少なからず」（『福沢諭吉著作集第一巻西洋事情』１０１頁）と書いていることからもわかる。福沢は、「人間交際の基本は、人々躬からその心力を労し躬からその責に任ずるに在り。是即ち人間自然の性情なるが故に、若し外より来てこの大義を間然するものあれば、必ずその弊害なきこと能わず。／故に政府たるもの、日夜孳々伋々として、国民の動静を思慮し、之が為めに周旋せんとするは、啻にその民の煩を為すのみならず、有害無益、過分の労と云うべし」（同１５６頁。／は改行）といわゆる「小さな政府」論までも唱えていたのである。

福沢は利己主義の効用を「蓋し天下とは個々人々の集合したるものを総称したる名目にて、一人一個の外に天下なるものある可らず。故に人々自ら己の利を謀りて、他人に依頼せず又他人の依頼を受けず、一毫も取らず一毫も与へずして、独立独行の本文を守りたらば、期せずして自ら天下の利益となり、天下は円滑に治るべし」（『市場・道徳・秩序』20頁）というように、まさしくアダム・スミスの「神の見えざる手」の理屈を述べていた。福沢は「文明男子の目的は銭に在りと云ふも可ならん」（同32頁）とまで言っている。本稿で後に取り上げる商売嫌いの論客たちとの対比の意味でも興味深い。

福沢が市場道徳を説くのに、まず儒学の「情愛」論の否定から入ったのは決して偶然ではない。福沢の市場社会の中で各自が自立する「独立自尊」の教説を、山路愛山は「人をして無情冷淡孤立」させると評価していた。同様に幸徳秋水は、市場を重んじる思想は「利己主義」に陥る恐れがあり、もし陥らないとすればそれは「高踏の隠者」であろうと指摘している（同11頁）。福沢の文明観は儒教道徳に近い両者とは距離があった。山路は人々が「家族」のように「共同生活体」となる国家を理想とし、幸徳も社会全体を「家庭」のようにすることに「社会主義の理想」を見出した（同39〜40頁）。元田永孚は、人々が「孝悌仁愛」を顧みず、ひたすら「事業拡大の末を最大」にする時は、むしろ、「掠奪競争の患」を引き起こし、風俗を荒廃させて、社会秩序の根源を危うくすると主張している（同51頁）。

福沢は市場社会批判の論理も同時に提供している。「概して云へば今の時節は上下貴賤皆得意の色を為す可くして、貧乏の一事を除くの外は更に身心を窘るものなし。討死も損なり、敵討も空なり、師に出れば危うし、腹を切れば痛たし。学問も仕官も唯銭のためのみ、銭さへあれば何事を勉めざるも可なり、銭の向ふ所は天下に敵なしとて、人の品行は銭を以て相場を立たるもの、如し。此有様を以て昔の窮屈なる時代に比すれば、豈これを気楽なりと云はざる可けんや。故に云く、今の人民は重荷を卸して正に休息するものなり」と言い、これを「今の文明を以て決して自ら満足する者には非ざるべし」と批判するのである（岩波文庫版『文明論之概略』232〜233頁）。先ほどの市場社会論と比較すると戸惑いを覚えるが、実は福沢はそのすぐ後に、そのような金銭万能社会を軽薄だとして「国体論」を唱える「皇学」が興るのは謂れなきことではないとしながらも、その「皇学」を「実を忘れて虚を悦ぶ」ものだと批判しているのである。わが国の人民は皇室がいることを数百年知らず、「王室と人民の間に至密の交情あるに非ず」と言うのだ（同233〜234頁）。そんな福沢ではあるが、自身が意見を述べるのは「我が輩の目的は我が邦のナシヨナリチを保護するの赤心のみ」（丸山真男『「文明論之概略」を読む　上』51頁）であるという。

明治時代は、文明開化の名の下でヨーロッパの新思潮を武器として、過去の日本を形づくる一切の要素を「因習」として絶縁しようとした雰囲気がある。たしかに明治時代は五箇条のご誓文で「旧来の陋習を破り、天地の公道に基づくべし」と謳われているように、「過去と絶縁する」雰囲気があったことは確かである。何を捨てても文明化しなければ生きていけないのだ、という危機意識のようなものがある。福沢は、「西洋の文明は我国体を固くして兼て我が皇統に光を増す唯一無二の一物なれば、之を取るに於て何ぞ躊躇することを得んや。断じて西洋の文明を取るべきなり」と言う（岩波文庫版『文明論之概略』44頁）。西洋文明を受け入れて初めて皇統が輝くという考えだったようだ。それは「大攘夷の精神」と言い換えても良いだろう。だがその大攘夷は、それまでの日本人の文化を切り捨てるくらいでなければ到底成し得ないという危うさを孕んでいた。福沢は「譬へば日本人が生糸蚕卵紙を製するに不正を行ふて一時の利を貪り、遂に国産の品価を落して永く全国の大利を失ひ、遂には不正者も共に其損亡を蒙るが如きは、面目も利益も并せて之を棄る者なり」（同165〜166頁）と、商人の利害得失の論理でその倫理性、信用を担保できると思っていたようだが、後年は絶望し、商人に士魂を植え付けなければならぬと言ったという（丸山真男『「文明論之概略」を

読む　中』２９１頁)。橋川文三は福沢の「日本には政府ありて国民なし」という発言を引いたうえで、「いいかえるならば、明治維新によってもたらさた（ママ）事態は、国家がその必要のためにようやく国民を求めるにいたったということで、その逆ではなかった」(『ナショナリズム―その神話と論理―』１５５頁）と言う。その是非はともかくとして、明治維新は王政復古という大理想があったが、もう一つの側面として外国からの侵略の脅威から起こった面もあり、それゆえに急ごしらえで「文明社会」を作らなければならなかった。もちろん日本人の側も変革に堪えうるだけの文化があったから、いわゆる近代化を成し得たのだが、そうした急ごしらえの負の遺産は今に至るまで様々なところに影響を与えている。

福沢の目指した「市場社会」は、「情愛」による、商売を敵視した、儒学的でかつ社会主義的な意見を排さなくては成立しえないものであったのだ。そしてそうした「市場社会」は、大攘夷の名のもとにこれまでの日本文化を切り捨てる危うさがあったのである。

田口卯吉、徳富蘇峰の自由貿易論

田口卯吉は自由放任の経済を肯定する立場から自由貿易論を訴えた。『自由交易日本経済論』では、「経済世界に諸独立国の対峙するは、全く人身の内に諸機関のあるが如し。(中略)経済学に於ては、通商する社会を以て一体と見做すに付き、此等の区分は講究するに及ばざる程感覚なきものなり。且つそれ人性の配分なるものは政事上の区分と縁故なきものなり。（中略）政事上の区分は経済社会に取りて重大の件ならざることを見るべし」とまで述べている（大島真理夫「田口卯吉の外国貿易論について」69頁）。田口は国家を一つの市場社会と見做し、政治上の国境区分はあまり重要ではないと軽視していた。

その田口の自由貿易論を批判して保護貿易を訴えた人間に大島貞益がいる。西田長壽は大島の思想を評して「彼の嫌厭するところは、株主、企業家自らが國家的な熟慮をかいて、自己の野心のみに走り、その結果が悪かつたとて責を政府に歸し、その救濟に縋らんとする態度である」（『大島貞益』114頁）としている。

両者の主張は株主、企業家が市場競争の敗北を政府にすがることで救済されようとする態度を批判することであった。田口は放任論から、大島は国家的視座からそういう人物に批判的な目を向けていた。

徳富蘇峰は『将来の日本』で、文明は武力社会から平和社会に転じ、平和社会では富が力を持つ時代だとして、生産社会、平民社会の到来を礼賛した。この頃の蘇峰の考えを「拝金主義」と言っては酷だが、商業の発展に大いに期待していたことは疑いないだろう。拝金主義というのは酷だと述べたのは、蘇峰は明治以来の物質文明への偏重を批判した論客だったからだ。蘇峰は「西洋の道徳」でもある耶蘇教を若いころは篤く信じていたために、かえって資本への批判を欠いたのかもしれない。蘇峰は『吉田松陰』（初版）においても同様の思想を述べている。徳川時代に平和が訪れたが、その平和は何をもたらしたか。「平和は富の使者なり、富は進歩せり、非常に進歩せり。而してその富はみな封建武士以外の富なりき。平和は「富の生産」を齎らすのみならず、また「富の快楽」を齎らせり。「富の快楽」を齎らすのみならず、また「富の崇拝」を齎らせり。封建武士を中心として組織したる社会、焉んぞここに到りてその中心点の傾斜さるを得んや」（岩波文庫版26頁）。蘇峰は少なくとも若いころは拝金主義かどうかはともかく欧化主義者であったことは疑いないようで、『吉田松陰』（初版）でも「松陰よりもイタリアのマヂニーのほうがすごい、イタリアの革命家に比べて全然及ばないと言っている」（『稀代のジャーナリスト徳富蘇峰』２２９頁）という。「概言すれば、松陰は畢竟、小マヂニーというも不可なければなり。吾人は敢て小マヂニーという。何となれば、彼は到底その人物の点において、その事業の点において、またその理想の点において、品性の点において、マヂニーに髣髴して、さらにマヂニーの百尺竿頭及ぶべからざるものあればなり」（岩波文庫版２１７頁）のことを指している。当時の蘇峰は西洋を理想化する傾向にあったのだろう。蘇峰は「寛永の鎖国令こそ千秋の遺憾なれ。もしこの事だになくば、我が国民は南洋群島より、支那、印度洋に迫び、太平洋の両岸に、その版図を開きしものそれ幾何ぞ」（同41頁）と言う。鎖国によって日本人が海外に雄飛する機会を失ったというのだ。同じく倭寇を高く評価し、鎖国政策を嘆くのは和辻哲郎である。和辻は『鎖国』で、倭寇を一揆と並んで「民衆の間から突然起こってきた（中略）混乱を制御しようとする努力」であるとする（岩波文庫版上巻284頁)。そのうえで鎖国は世界を知ろうとする「民衆の中から湧き上がって来た新しい力、新しい傾向を押さえつけ、故意にそれを古い軌道へ帰すということにほかならなかった」と評価した(同下巻291頁)。両者の鎖国論を比較してみると、和辻が「国際化」、「進歩」、「民衆」への無邪気な賛美といういかにも戦後的な価値観を披歴する一方、蘇峰の議論は帝国主義、資本主義を背景とした海外雄飛論であることが浮かび上がってくる。

後年の徳富蘇峰

その蘇峰も、第一次世界大戦頃には拝金主義社会を批判する側に回った。第一次世界大戦は欧州が戦場となったために、軍需産業をはじめとして多くの輸出需要が増大して、大戦景気と呼ばれる未曾有の好景気に沸いていた。日本は日英同盟を基にドイツの支那における拠点を攻撃・占領した。連合国からは欧州へ再三の出兵要請があったが、これを拒否した。第一次大戦は今までにないほどの大戦乱であり、これに巻き込まれることを嫌ったからだ。同じく第一次大戦への参加を嫌った国にアメリカがある。ただしアメリカは勝敗が明白になりかけた段階で直ちに参戦している。日本は最初から最後まで及び腰で、そのくせ支那における拠点に対してだけはわれさきに攻撃していた。

大戦景気に沸いた大正日本では、成金が出現し、急激なインフレとなり、貧富の格差は増大した。輸出業者を率い儲ける側と、その輸出業者に従業員あるいは下請けとして使われ、給料はさほど上がらないが仕事ばかり増やされる層とに分かれてしまったのである。貧富の格差だけではなく、急速に好景気になったことで、金銭万能主義ともいえる、カネが一番大事、結局はカネだという風潮が蔓延した。こうした事態を憂い、声を上げたのが蘇峰だった。蘇峰は欧州が弾丸の雨の中で苦闘する中、日本はその弾丸を作ることで黄金の雨に潤い泰平を貪っていることに強い危機意識を覚え、『大戦後の世界と日本』を著した。その中で蘇峰は日本の世相を激しく皮肉った。「若し世界に金權萬能国あらば、そは日本を随一とせむ。日本は世界第一の金持國として誇る能はざるも、世界第一の金持本位國たるには、誰しも異論なかる可し。即ち政治は金持の為めに、金持若しくは金持の名代に由りて、行はれつゝ、ある也」（『大戦後の世界と日本』26頁）。

そのうえで、日露戦争の戦費調達の際にも、カネ持ちは国に戦費を貸す代わりに利子を要求したにもかかわらず、献身的奉仕をしたかのような面までした。慈善家、愛国者の仮面をかぶって国を相手に金貸しを営んでいた、と厳しく批判し、今も政治はカネ持ちの方しか向いていないと憤っている。

さて、成金が好景気に湧いた日本だったが、戦争の終結とともに需要はなくなり、あっという間に不景気になり、倒産が相次いだ。蘇峰が『大戦後の世界と日本』を出版する頃にはもうその兆候があったようだ。蘇峰は前書きで言う。

本論執筆の間に、日本も世界も、幾許の變化を見たり。其の上半期は、我が成金の全盛時代なりしが、其の下半期は、漸く寂滅時代に入れり。（中略）されど大體に於て見れば、成金社会の一盛一衰は未だ我が國民の成金氣質を一洗するに至らざる也。（中略）然も若し此の成金沒落の爲めに、我が國民が、物質に損して精神に得る所あらば、是れ即ち禍を轉じて福と作す所以にして、吾人は寧ろ此の倏忽變化を以て、國家の慶事とせずんばあらず。要は唯だ此の財界の變動を、國民的に善用する乎、惡用する乎にありとす。

（『大戦後の世界と日本』３〜４頁）

蘇峰はどちらかと言えば、言論界にあって権力と近しい人物であると戦後評され続けてきた。権力の走狗、悪の手先のように書かれてきたこともある。そういった議論は論外としても、権力と近しいことについては当たっている部分がまったくないとは言わない。だが、それは一面的な見方だろう。蘇峰は蘇峰なりに日本を憂い、発言することができる論客であった。

武士道と反資本主義

市場社会を批判的に見るか否かは、保守的か否か、あるいは権力に近しいか否かとは無関係である。わが国においては、國體思想や武士道、儒教道徳に近しいかどうかが市場社会への態度を左右したのである。

市場社会への批判は、古くは水戸学にもうかがうことができる。藤田幽谷は「富者ますます富みて、貧者はますます貧し」くなる状況を憂いていた（坪内隆彦『維新と興亜に駆けた日本人』31頁）。維新後には西郷隆盛や副島種臣も王土王民論を唱えていた。

前記のように蘇峰は、大正時代のいわゆる戦間期に拝金主義を批判したが、もともとこのような思想は明治時代の蘇峰の言論戦におけるライバルであった国粋主義者の得意としたところであった。明治時代の国粋主義論客の代表的人物の一人である三宅雪嶺は「偽悪醜日本人」の「悪」で、最近の日本人は正義を心に抱かない。正義ではなく、時流や強者に尾を振って媚びる。文明開化となればすぐ掌を返して文明開化に熱狂する。海外の文物を導入することに必死になり、国内興隆に目を向けない。結果山間に海外の贅沢品をそのまま持ち込み、地方の特産物を軽視し、経済を疲弊させる。調和を考えず、商人は公益と称して己の利益を増大させることに熱中している。努力を軽視し、貧民を軽んじ、巧言やお世辞が上手いものだけがいい思いをする。いかに彼ら豪商が華美な装束をまとい、豪華絢爛な住まいに身をおき、洋行を自慢しようとも、彼らは卑しい人種である。彼らを排撃し、社会に重きをおかせないようにすべきだ。米国流の拝金主義に乗っかり、個人の利害に汲々として、公共の大事は腐敗を極めるのである。士族の風尚美徳と、公共のために死を視る精神により維新は誕生したのであるから、士族に重きを置くべきであるとした（『日本の名著37　陸羯南・三宅雪嶺』

339～348頁)。

このような雪嶺の思想には旧来の武士が持っていた倫理観を重んじる考えがあった。これは後に述べる儒学や武士道と社会主義との関連において重要な点である。儒学の日本的発展である武士道は、実は市場社会に非常に批判的な思想なのである。

武士道は太平の世に生み出されたものである。武士道は、江戸時代太平の世が訪れ、勘定方が出世し、日々の仕事が官僚化していく中で生み出された、武士による日常に対する精神的反抗である。武士道と後に称される思想が生み出された時代である江戸時代は、同時に商人道も説かれた時代であった。山本常朝が武士道の代表的書物である『葉隠』を書いた時代と、石田梅岩が石門心学で商人道を説いた時代はまったくの同時代である。そして両書が書かれた江戸中期は、日本社会において資本主義が始まった時代でもある。そして、江戸時代同様に、あるいは江戸時代以上に武士道が説かれた時代が、明治時代であった。

笠井潔氏は武士と商人を対比して商人を擁護する形で『国家民営化論』を書いている。だが実は武士道は戦士でない人物によって醸成されてきたということも可能なのである。そもそも武士道は、乱世の時代には謀略・だまし打ちなども知略の結果と称賛されてきた。それが太平の世になると、「卑怯なふるまいをしない」といった倫理性を帯びたものに変容していく。源平合戦から鎌倉時代にかけて、あるいは戦国時代から江戸時代にかけても同様の思想的変遷をたどっている。後世のわれわれが思い浮かべる武士道の印象は太平の時代に生まれたものの方である。謀略の称賛は、戦略性に富んではいても思想性には乏しいからであろう。

『偽悪醜日本人』を書いた当時の三宅は旧士族への期待を持っていたが、それは商人道を批判したわけではあるまい。武士層に利害を超えた精神的価値を重んじる姿勢を見出し、これを称賛したのである。

あるいは、幸田露伴が資本主義的風潮に対し江戸の職人気質を礼賛したこともあった。また、明治二十年代に条約改正や欧化主義に抵抗した国粋主義者の社会主義感覚はむしろ儒教の「仁」の政治の実行という意味合いがあった。「社会主義」は「個人主義」の対極とみられ、むしろ日本の國體に合うものと受け止められた。高畠素之が社会主義からいわゆる国家社会主義に「転向」し、上杉愼吉などと連携していくようになることを非難する議論は日本の社会主義史を踏まえない見解だろう。もちろん細かい意味での意見の変遷はあったに違いない。だが、上杉が国家と社会は分離できるものではない、すなわち国家主義と社会主義も分離できず、社会主義的思想が國體の清華を発揮するのに適したものだ、と述べるとき（田中真人『高畠素之』203～204頁、筆者意訳）、それは明治の国粋主義者の社会主義論と似通っており、わたしには陸羯南の「国家的社会主義」が重なって見えてくる（陸羯南の「国家的社会主義」についいては、後述）。

社会主義もまた国民への博愛の情として理解されたのであり、革命思想としては理解されなかった。社会主義が「階級闘争」と「プロレタリアート独裁」の共産主義になるのは明治時代末期から大正時代にかけてである。それまでは社会主義とは博愛、現代でいえば福祉を重んじるという程度に受け取られたのと同時に、資本主義の興隆によって起こった道義の荒廃を救うものとして理解された。幸徳秋水をはじめ初期社会主義者はみな耶蘇（片山潜、木下尚江、山川均、大杉栄、荒畑寒村、安部磯雄）か孟子の信奉者（幸徳秋水、堺利彦、河上肇）であった。この武士道もまた強者の弱者への横暴を嫌いむしろ弱者への慈しみを讃える思想であった。この点で三者は互いに結び付いていた。社会主義は唯物論とも言われるように西洋では耶蘇の信仰と相性が悪いのだが、明治日本においてはそうはならなかったのである。

幸徳秋水は社会主義を実現する目的を武士道の実現においた。社会主義は経済的平等と同時に理想的人間像を提示するものであった。幸徳の場合、武士道の精神こそが目指すべき人間像だった。幸徳は武士道を振起する手段はないかと聞かれたら社会主義の実現にあると答えるとした（坂本多加雄『市場・道徳・秩序』151頁）。同様に陸羯南も、士族社会に自主独立の気風があるのは世禄という恒産があったからだとした（同前154頁）。この頃の社会主義は「修身」の延長であった。幸徳は社会主義を武士道の復活として述べていたというが、武士道とは志を立て、商人とは違うという自覚を持ち、利害を超えた国家全体の価値を想い行動することであった。武士道は社会主義の始まりであると同時に国粋主義の源流でもある所以である。自由民権運動は、大井憲太郎や杉田定一の思想に代表されるように、国粋主義の源流であると同時に社会主義やアジア主義の源流でもある。大井はすでに明治十九年の『時事要論』で地租偏重を改めて累進的な財産税を実施すべきことを主張しているうえに、土地は「天帝」が国民に与えた「恩賜物」であり「公共の財産」であるという土地国有論までも述べていたのである（『明治大正農政経済名著集24』375、380頁）。

幸徳と国粋主義者の関係は絶えることなく続いていた。陸羯南は自らの新聞『日本』に、幸徳の著書の広告を出し、足尾銅山鉱毒事件において、幸徳、三宅雪嶺とともに田中正造を支持する言論活動を行っている。幸徳と深い交友のあった人物に、同郷の先輩谷干城がいる。干城は西南戦争の際に熊本城に籠って西郷軍と戦ったことで有名だが、崎門の谷秦山の子孫であり、忘れられていた秦山の事績を顕彰した生粋の尊皇派である。干城は陸羯南の『日本』の出資者兼同人でもあった。その干城が幸徳秋水、三宅雪嶺、陸羯南、福本日南らとともに支援したのが、足尾銅山鉱毒事件を告発する田中正造であった。田中正造は明治天皇への鉱毒事件被害民救済の直訴文を、一説には陸にまず依頼し、それがうまくいかなかったため幸徳に依頼したとも言われる。死を覚悟して「嗚呼四県ノ地亦陛下ノ一家ニアラズヤ。四県ノ民亦陛下ノ赤子ニアラズヤ」と訴える田中の直訴文は、一君万民を目指す日本的社会主義の精髄を示すものと言えよう。

幸徳の遺著となった『基督抹殺論』には三宅が序文を寄せている。これは大逆事件で幸徳が逮捕された後に出版されたものであり、そこに序文を寄せるなど並の覚悟ではできないものである。そこでは、幸徳は不忠不孝の名のもとに死に就こうとしているが、窮鼠と社鼠のいずれかを選ぶのかと問うている（岩波文庫版8～9頁）。窮鼠とは追い詰められて決起した幸徳であり、社鼠とは社に巣食う鼠、君側の奸のことである。そのいずれを選ぶのか、と問うたわけである。

幸徳は大逆事件を起したとされているが、皇室と社会主義は矛盾しないとも述べている。社会主義とは社会の平和と進歩と幸福を重んじる思想であり、そのために有害な階級を廃そうというものである。明治維新によって四民平等が達成されたことも、それにあたる。また、古来名君と呼ばれた人物は皆民のために尽くした人間である。ゆえに仁徳天皇のように、民の幸福を自らの幸福とされた、祖宗列聖（歴代の天皇）の事績は、決して社会主義に悖るものではなく、むしろ社会主義に反対するものこそ國體に違反するのではないかと述べた（「社会主義と国体」『幸徳秋水全集　第四巻』、筆者意訳）。この幸徳の論理を、当時の社会に受け入れられるための修辞に過ぎないと思う人もいるかもしれない。だが、小林多喜二が仁徳天皇の大御心の話を母親に話していたように、必ずしも社会主義者がマルクス主義による革命を考えていたとは言い切れない面もあるのではないか。幸徳は少なくともその最晩年までは尊皇心があり、幸徳が書く皇室論は当時評判が良かったという（葦津珍彦『武士道』182頁）。

中村勝範『明治社会主義研究』によれば、幸徳はマルクスやクロポトキンを真に理解していたとは言えないという。幸徳の教養の基本は漢籍であり、西洋の理論は漢籍の教養による発想を理論化するのに参考にした程度だったのかもしれない。

山路愛山も、社会主義を墨子の兼愛や、堯舜の時代の人民の衣食に政府が関心を持ったことにも通じるとみており（「社会主義管見」『明治文学全集35　山路愛山集』87～88頁）、明治社会主義の一つの特徴ともいえる。坂本多加雄『近代日本精神史論』によれば、山路は「平民主義」に基づき歴史を叙述していたが、一方で自身は士族階級の出身であり、平民の台頭は士族の没落であることを重く受け止めざるを得なかったという（講談社学術文庫版35頁）。山路は、武士層の官僚化と士農工商の階層間の移動が少なかったことを江戸時代の「堕落」「老化」と見てこれを批判している。福沢諭吉に限らず、山路や陸も明治社会を実業の時代と捉え、各人が商売、生産を通じて国家に貢献することを主張した。だが福沢とは少し異なり、山路や陸は実業に携わることを名誉とみなさない士族出身の青年層に対し反政府的ナショナリズムを説くことで、実業に携わることに意味を与えていった。政府から恩給をもらわなくとも自らの身を立て、時には政府を批判しつつも国家に貢献する青年像を描いたのである。

また、山路は陸についても、「三宅雄二郎氏、陸實氏も亦名を会員名簿に列し、殊に陸氏の如きは深き興味を社會主義に有し、其主宰する日本新聞に於て人間は自然の狀態に満足して已むべきものに非ず。弱肉強食の自然的狀態を脱し、強も亦茹《くら》はず、弱も亦茹はざる一視同仁の人道を立て、自然の運行以外に別に人間の天地を開くは是則ち社會主義の極意なるべしとの意を述べたり」（「現時の社会問題及び社会主義者」『明治文学全集35　山路愛山集』３７０頁）と回想している。この回想だけでも陸の社会主義理解に強い儒学の影響を見てとることができる。

晩年の上杉愼吉は、「貧乏人でなければ本とうの愛國は出来ぬ」（『日本之運命』１８９頁）とまで言い、無産者を救済しようとする。「我が無産の貧乏人は、燃ゆるが如き愛國心を持つて居るけれども、今は上流の人々の我が儘に憤激して、動《やや》もすれば非國家主義に陥らんとする傾向になつて居る彼等は横暴なる資本家地主を恨むのである、不肖は其れは當然であると思ふ、而して資本家地主を悪むの情強きが為め、思はず社會主義に乗ぜらる丶のである（中略）經濟上の不平苦痛は、彼等を驅つてそこまで連れて行くのである、氣の毒なるは我が忠良なる無産の愛國者ではないか、其の心中の煩悶を酌んでやらなければならぬ」（同28頁）という。富豪は金儲けのために国家を使う。国家を害し、同朋を傷つけようとも、金の為なら何でもする。神ながらの日本は鬼畜の世界になってしまった、道徳も何もないではないかと嘆くのである（同37頁）。

ここまで戦前の社会主義についてみてきたが、彼らが貧しき人々を救うべきだと考えていたと同時に、国内で荒廃した道義の復興を考えていたことが伺える。道義の復興を彼らが考えたとき、念頭に浮かんだものの有力な一つに武士道があった。ところで笠井氏は武士と商人を対比して商人を擁護したが、笠井氏自身は一つの主義を重んじる武士的な部分を残しているようにも感じられる。堺屋太一や竹中平蔵のような商売性しか感じられないような人物とは異なる印象を受ける。

さきほどからたびたび笠井氏の『国家民営化論』における武士と商人の対比を批判してきたが、一方で敗戦後の日本に限定して考えれば、太平の世になったにもかかわらず武士道の倫理性は忘れ去られて、かといって商人道があるわけでもなく、ただ利益だけが追求される世の中になったのである。葦津珍彦は、「敗戦後の日本国は、こんどは国中にただ一人の武士も残存させないことにした。しかし時代は流れ移ってゆくけれども、現世に激しい戦闘の消え去るようなことは、その兆候すらも見えていない今日である」（『武士道』48頁）と表現したが、ある意味現代は利益を得るための謀略渦巻く（戦国時代などと同様の）争いの時代なのである。資本主義による競争の激しさは倫理性を打ち捨てなければ到底生き残っていけぬような時代へと、われわれをいざなったのだ。

第二節　船来感覚と日本的国家社会主義

資本主義批判と船来感覚

「資本主義はインターナショナリズムの先駆者であった」と論じたのは赤松克麿であった（『新国民運動の基調』8頁）。資本主義の進展とともに独占主義に代わり、門戸閉鎖、軍国主義的になるという赤松の見解は支持できないが、いずれにしても資本主義は「インターナショナリズム」、今風の言葉で言えば「グローバリズム」がその本質であって、したがってそれを肯定する側には各国の独自性を否定する向きがあった。

例えば文明開化の時代は西洋崇拝だけでなく、道徳が軽蔑罵倒され、自己利益が肯定された時代でもあった。坪内逍遥は『当世書生気質』で、商売は快楽をもたらす媒介となるものであり、世がだんだん開けていけば、便利なものも次第に増えて重宝するという（岩波文庫版81頁）。また、人間の究極の目標は快楽であり、文明も開化も皆快楽の媒介である。人は情欲の動物であり、情がある故に集まり、欲がある故に協力する。もし皆が情欲から逃れて仙人のようになれば、社会はたちまち壊れ、世は蒙昧の昔に帰ってしまうだろう。寡欲を美徳とし知足を修身の規範とするのは封建時代の卑屈な儒者の道徳論だと語った（同124頁）。

他には第一節でみたとおり福沢は西洋流の「市場社会」の確立を目指すために儒学や日本古来の学問を役に立たないと退けた。「概して云へば、西洋諸国は文明にして我日本は未だ文明に至らざること、今日に至て始て明にして、人の心に於て之を許さゞるものなし」（岩波文庫版『文明論之概略』２３１頁）。

もっとも、舶来感覚で思想を唱えたのは何も資本主義に限らない。日本共産党はコミンテルン日本支部の認定を受けて結成されたことに象徴されるように、共産主義や社会主義はその運動の多くが文明開化、脱亜入欧の感覚で唱えられた。冷戦構造の成立とともにその傾向は強くなっていく。日本共産党も最初は堺利彦や山川均らがある程度自由にやっていたのだが、徐々に「本国」の顔色を窺うようになっていった。

遡れば幸徳秋水にも国籍を無視できるような感覚を感じさせるような論説がある。『廿世紀之怪物帝国主義』の愛国心批判だけではなく、幸徳は日露戦争時に非戦論の文脈でロシア社会党に対し賛意を示している。そこでは「社会主義者の眼中には人種の別なく地域の別なく、国籍の別なし、諸君と我等とは同士也、兄弟也、姉妹也」と主張して共感を表明している（「与露国社会党書」幸徳秋水全集第五巻、95頁）。

一方陸羯南は日露戦中には幸徳秋水ら（と推測される）の日露非戦論を批判しているが、明治三十七年の「露国の革命党」で「革命党は露民の精神を存する者なり」と呼び「露国をしてスラブの露国たらしめ、人民をして世界普通の幸福を享受せしむる」必要があり、「同情を表するを恥ぢず、寧ろ積極的に之れを援助するを以て、志士仁人の業なりと信じる」とした（『陸羯南全集』第八巻、322〜323頁）。陸が「露民」の民族感情をも評価に入れているのに対して、幸徳はむしろ人類普遍の感覚を評価しているのである。

戸坂潤の舶来感覚

戸坂潤は『日本イデオロギー論』で、「「日本」という宇宙に於ける地理的歴史的社会的な具体的一存在を勝手に持って来て、之が何らかの哲学の原理になれると考えることが、元来少し常識で考えて見ても変なこと」であるとして、日本主義にとっては「日本」そのものさえ説明されるべき対象ではなく何かを勝手に説明するための原理に過ぎないとする（岩波文庫版146〜147頁）。確かに日本主義が日本を語らない、あるいは語れない、という傾向はある。日本の本質とは何か、あるいはそれは本当に日本の全時代に当てはまる原理なのか、と問われたときに答えづらいが故に多くの日本を強調する論客は口ごもってきた。

一方で戸坂は「どこの国のどこの民族とも、範疇の上での移行の可能性を有っている思想や文化でなければ、本物ではない」（同153頁）という。本当にそうだろうか。どこの国にもどこの民族にも共通しうる思想などありうるだろうか。普遍性を希求する思想家は、結局西洋思想の引き写しになりがちであるが、戸坂もその罠にはまっていないだろうか。そもそも戸坂が批判する日本主義者たちは、世界に共通する普遍性など求めていないし、それを批判するところから始まっているのではないか。例えば儒教が天下における道徳を想定し、国家に限定されなかったように、前近代においても国家の枠を意識しない思想はどこにでもあったし、そちらのほうが多かっただろうが、個別性にこだわる思想を否定するわけではないし、結果的に翻訳の過程で各国家に個別化されてきた。普遍性と個別性とにこだわるようになったのも近代特有の現象ともいえる。特に民主主義、資本主義、共産主義が生まれて以降、実は近代思想に過ぎないものでありながら「普遍性」を持つかのように謳った思想が現れた。それゆえ「普遍性」を求めているか個別性を重んじているかはその論者の評価において重要な視点である。更に言えば、発想が「普遍性」を希求するか「個別性」を求めるかということに加えて、自説を補強する材料を「普遍」（外来思想、文献）に求めるか「個別」（国内の思想家、文献）に求めるかも、近代以降の思想を論じるにあたり重要な視点であると思う。

蓑田胸喜の日本思想

蓑田胸喜は高畠素之を批判した上で、「東洋文明の攝取に當つてもその過程には單なる反譯模倣時代と人物とがあつたけれども、日本人はそれに止らず進んで創造的開展を與へたのであつた。佛教儒教によつて代表される印度支那の東洋思想は先には聖徳太子によつて、後には親鸞素行によつて折伏攝取されてしまつたので、日本の佛教と儒教とは本來の意味での佛教儒教ではないものになつたのであつた。若しさうではなく日本が何處までもそれらの東洋思想に反譯模倣的態度で終始したであらうならば、日本もまた印度支那と同一の運命に陥つてをつた筈である。さうならなかつたところにこそ日本精神日本思想に「東洋一の美點」ともいふべきものが潜んでいるので、眞の日本精神は「知識を世界に求め」つゝ、「大《（ママ）》いに皇基を振起し來つたのである。排外的でもなかつたが拜外的でもなかつたのである。それが日本精神に独自のものであつた」（『蓑田胸喜全集　一巻』２６９頁）と述べた。ここでは日本思想の優越が語られる一方、外来の排除とも無制限の受容とも違う、蓑田の外来思想に対する考えがよく現れている。戸坂は、蓑田が神ながらのみちを仏教儒教基督教、希臘《ギリシャ》哲学、近代西欧科学、デモクラシー、マルキシズム、ファシズム、国家社会主義等古今東西の教え、学問を融化解消していると言ったことに対して、「冗談」を言っているのではなく、「頭と好みとのデリカシーを節約している」と皮肉ぽく評しているが（『日本イデオロギー論』岩波文庫版１４７頁）、わたしは蓑田の思想を皮肉る態度が正しいとは思わない。すべての国において外来思想と無縁ではいられないが、外来思想を受け入れるにあたっては常に自らの「主体」が問われるからである。

北一輝と西洋思想

西洋生まれの「普遍的」思想を独自に日本に結び付けようとした人物に北一輝がいる。北は明治三十九年に『國體論及び純正社会主義』を刊行した。北は幸徳秋水や堺利彦ら平民社の運動にも関心を持ち、社会主義思想に接近する。北の思想は日露戦争期に独特の発展を見て、社会主義を支持しながらも当時の社会主義者の主流であった非戦論には同調できず、国家主義を支持しながらも当時の国家主義者の主流であった國體論には同調できなかったという。そこで自ら著したのが『國體論及び純正社会主義』である。

まず、北は進化論の観点から人類は相互扶助の精神によって生存競争の対象を家族から部族、国家単位へと進歩してきたと論じ、その間に社会的同化作用によって内部の団結力を強化することで社会を進化させてきたと説いた。そして、国家は君主が主権を有する「君主国家」から国家自身が主権を有する「公民国家」へと進化するとして、明治維新を日本における「君主国家」から「公民国家」への一種の「革命」であると論じた。ところが、大日本帝国憲法において天皇を「万世一系」としたのは、日本の皇室の史実に反する上、憲法改正手続に帝国議会の賛同を規定したのは、「公民国家」を天皇と帝国議会が共同で運営する「民主政体」によって運営することを前提にしていると主張した。この観点からして国家主義者の國體論は反革命思想であり、日本の国家のあり方に反すると非難した。更に北は「公民国家」の発展強化のためには普通選挙を導入して労働者と農民が政治に参加して合法的に社会主義体制を確立する。その上で国内では生産手段を国有化して資本家と労働組合が協調することで最高の生産性を確保して国民生活の向上に努め、最終的には国家全体の強化につなげるというものであった。

北は社会が帰属する利益の主体となると考えた。『國體論及び純正社会主義』において、資本家階級に利益を帰属させる考えを資本家主義と呼ぶならば、労働者階級の利益を最終目標とするのは労働者主義と名付けられよう。現在の階級対立を継続して、地位を掠奪しようと考えているのは決して社会主義ではない、としている（『北一輝思想集成』128頁）。

また、北は次のようにも述べている。


わが愛国者よ答弁せよ！　なんじらは国家の部分として、国家の他の部分の生存進化の為めに、笑みて以て犠牲となりき。……「国家の為め」とは国家の上層の部分の為めのみならずして、等しく国家の部分たるなんじらの妻子の為めをも含まざりしか。……国家の為めなり四千万の同胞よ、と叫ばれたるときは、四千万の同胞を国家なりと云うことにして、二、三子もしくは少数階級をのみ国家の全部なりと考えしに非らざるべし。……民主国とは、国家の全部分が国家なるが故に愛国の名においてすべての同胞に犠牲たるべきことを呼ばわるなり。しかして、すべての犠牲たる義務は、すべてが目的たるべき権利を意味す。……「国家」の声に眼を破られたる国民が満州の野より血染の服を以て進撃し来るとき、しかして［国内の国民も］進撃軍を歓迎して進軍に加わるべく用

意しつつあるとき、なお且つ普通選挙尚早論を唱え得るや。（坂野潤治『明治デモクラシー』199〜200頁）

ここでは北は国家の上層だけではなく国家全体を運命共同体として理解した。そのうえで普通選挙論を展開したのであった。国家を一部の特権階級のものにすべきではないという視座から普通選挙論を訴えるのはいわゆる右翼思想にとっても珍しいことではない。例えば大正十五年に赤尾敏が高畠素之との交流の元、上杉慎吉を会長に、頭山満や平沼騏一郎、荒木貞夫等を顧問に建国社という組織を結成した。赤尾は理事長となり、書記長には津久井龍雄が就いた。建国会はメーデーに対抗すべく「建国祭」の開催をする団体であった。その綱領は上杉が起草したと言われ、高畠の思想も含まれていると思われるが、そこでは「一、我等ハ普通選挙ノ実施ト共ニ全国民ヲ挙ゲテ天皇ニ直結シ建国ノ精神ニ立脚セル真正ナル日本民族ノ日本国家ヲ建築センコトヲ期ス、二、我等ハ日本民族ガ有色人種ノ先頭ニ立チテ全人類ノ世界文明ヲ実現スルノ我歴史的使命ヲ成就センコトヲ期ス、三、我等ハ日本民族ノ伝統的道徳ヲ維持シ軽佻浮薄ヲ排シ質実剛健ノ美風ヲ作興センコトヲ期ス、四、我等ハ国家ニヨリテ国民生活ヲ統制シ日本国民ノ天皇ノ赤子トシテ平等ナル所以ヲ徹底シ同胞中一人ノ不幸不平ナル者無カラシメンコトヲ期ス、五、我等ハ各人ノ有スル財産地位階級職業知識技能筋肉ガ皆国家社会ノ為ニ存在スルコトヲ確信シ犠牲ノ精神ニヨリテ極度ニ之ヲ国家社会ニ奉ゼシメンコトヲ期ス」というものであった（井田輝敏『上杉慎吉』300頁）。この綱領では普通選挙とともに国民生活の地位、階級的平等が天皇の赤子としての一君万民の実現として謳われていた。

遠藤友四郎（無水）、北原龍雄の高畠素之への影響

このように高畠素之が、それまで共に社会主義運動を行っていた堺利彦、山川均らとの関係を清算し、上杉慎吉らと連帯していくことは、思想の変容あるいは堕落であるかのように論じられることもあった。だが、もともと高畠は一国社会主義を主張しており、そのためにはどこかで国家権力を活用しなければならないと考えていた。そんな高畠を後押しし、売文社分裂に一役買ったのが長年の同志である遠藤友四郎と北原龍雄であった。なお、このとき行動を共にした人物の一人に若き日の尾崎士郎がいる。

遠藤は一言でいえば一君万民的な社会主義の実現を目指した人物である。遠藤の「君主社会主義の実行を望む」が売文社分裂のきっかけとなったことでもそれは明らかであろう。遠藤の一君万民を理想とする姿勢は程度の差こそあれ基本的に変わることがなく、後には錦旗会を設立。渥美勝や天野辰夫らとともに運動をすることになる。外来型の社会主義と一線を画した皇道思想に根ざす日本的経済思想として、日本国民の皇室への私有財産奉還論を唱え

た。

北原龍雄はやはり高畠や遠藤と長く運動を行ってきた同志であるが、黒龍会との関係も深い人物であった。

売文社分裂の経緯や遠藤友四郎、北原龍雄の思想にまで深く立ち入る余裕はないが、一言だけ述べるならば、遠藤や北原に限らず、戦前においてはいわゆる右翼的な思想家と左翼的な思想家の距離はそれほど離れていないということである。両者が対極の相いれない存在となるのは冷戦時代の現象なのである。

北一輝の國體観への疑問

話を戻して、北の思想は独特で評価が難しいが、『國體論及び純正社会主義』は進化論の影響が非常に強く、そのあたりに西洋社会主義の影響を感じる。一方で孟子を「東洋の社会主義の源泉」として論じる（『北一輝思想集成』647頁）など、社会主義と儒学の融合の系譜に数えられる存在でもある。松本健一は猶存社が大川と北の方向性の違いにより解散となったことを、満川亀太郎の回想を引きつつ「大川は皇室中心主義だったが、北は「所謂社会主義を嫌っていたが、同時に皇室中心主義ということも嫌っていた」から、二人の喧嘩別れも必然的だったろう」と述べている（『思想としての右翼』248頁）。わたしには、北は皇室に対する思いが軽すぎ、単純に自らが権力を握るために皇室を利用しようとしたのではないかという思いを禁じえない。大川周明や権藤成卿と北とでは國體観も含めてその思想に大きな隔たりがあるのではないか。

蓑田は北の『日本改造法案大綱』について、「社會は『改造』し得るであらうか?」(『蓑田胸喜全集第三巻』681頁)という疑問から始まる厳しい批判を行っている。北は『日本改造法案大綱』で私有財産の制限を唱えたが、それに対し蓑田は、その私有財産を制限するよう監督すべき国家は「『私利的欲望』を解脱し得ざる『煩悩具足の凡夫』——現實の『人間』以外の何物でもなくこゝに如何なる社會にも免れ難き瀆職行爲と監督困難とを思ふべく、『國憲を紊乱スル者ニ課スル別箇重大精密ナル法律』は『別箇重大精密ナル脱法行爲』を防遏し得ざるのみならず、それが政治的社會的腐敗の禍因となるのである」(同683頁)としている。つまり「政府担当者も欲望ある私人であるために、政府に私有財産を制限させるような機能を持たせてしまうと、法の網をくぐり腐敗する原因となるのだ」ということを述べている。さらに、官僚的な財政管理や経済統制は自発的な創意に基づく活動が欠けるため、政治上において代議政体官僚組織の弊害により反動的に独裁専断政治が民衆の自発的要求として現れるのと同様の現象が国民経済にも起こることが想像されるので、「有能の私人に大産業の自由経営が反動的に翹望せらるゝに至ることもあり得べきである」(同684頁)という。つまり、むやみに代議政治を進めるとかえって独裁を希求する声が出るように、経済もむやみに制約するとかえって少数の人間による独占経営が待ち望まれることがあり得る、というのである。だから私有財産制度の弊害は「道徳的善意と政治的統整とによつて解決すべく、その『否定』によつて解決せらるべくもないのである」（同506頁）と論じている。

この蓑田の北及び統制経済に対する評価には大いに参考にすべき点がある。ところで蓑田は、自身が厳しく批判した美濃部達吉の天皇機関説の理論をさらに徹底した北の國體論に対して、意外にも批判を行っていない。もっともこの文章は大川と権藤に対し國體観も含め厳しく批判した後に配置されているので、北の國體観はもう触れる必要がないと思ったのか、それはわからない。蓑田のこの文章は二・二六事件が起こる前の昭和八年に刊行された『学術維新原理日本』に掲載されている。大川、権藤に比して北の政治思想への言及は非常に少ない。二・二六事件後に北の思想に触れている個所でも、「然しながら北氏一派の如きは綜合的見地からは全體の思想的禍流の派生的局分的のものに過ぎない」としたうえでその大元となっている「デモクラシー」、「マルキシズム」、そしてそれらを奉じる帝大教授のほうが思想的にはより危険であると述べるにとどまっている。それを踏まえて吉野作造や美濃部達吉らの説が國體にそぐわないことを強調するのだが、北の思想については「今次事件の思想的背景をなす程に深く廣き影響があつたといふことは確かに知るに由なく、充分の批判を普及せしむる責を怠つた事を悔ゆる次第である」という一言で片づけている（『蓑田胸喜全集第六巻』269〜272頁）。

三島由紀夫は「奔馬」で、「北一輝の「日本改造法案大綱」は、一部学生の間にひそかに読まれていたが、勲はその本に何か悪魔的な傲りの匂いを嗅ぎ取った」と書いている（新潮文庫版231頁）。「悪魔的な傲りの匂い」はその皇室観から発せられたものだろう。北は昭和天皇を侮蔑的に呼び、何もかもを天皇に帰一させることでその崩壊を目論んでいた節もある（ちくま学芸文庫版、渡辺京二『北一輝』323頁）。

渡辺京二はこうも評している。「北が、いわゆる天皇制社会主義の幻想に一度もおちいらなかったことは、特筆しておかねばならない。支配権力によって動員される国民のナショナルな情念を盗みとって、支配に対抗する反抗のチャネルに導こうとしたイデオローグたちは、ふつう天皇制社会主義の論理に頼った。天皇はすべての国民に階級的区別なく仁慈を垂れる救済者である。日本が本来的に社会主義国家であるべき明証は、何よりもこういう天皇に体現された家族国家原理にあらわれている。天皇制社会主義者はこのように説いた。これは見るごとく、北が『國體論及び純正社会主義』のなかで、一度もとることのなかった論理である」（同190頁）。そのうえで北が「天皇制社会主義」を「国家主義」でも「社会主義」でもなく「絶対無限の君主々義」であるとして、「奴隷よ！　奴隷の集合よ！　吾人はむしろ所謂『国家社会主義』と共に古代の奴隷制度に鼓腹せんよりも、国家主権の名に於て資本家地主の権利救済に努力すべし」と言ったことを踏まえ、「われわれは、北が明治三十九年という早い時期において、このように天皇制社会主義の、今日考えうるかぎりで最高に正確な批判者でありえたことの意味を、よく考えるべきである」（同191頁）とした。これは、自身の著作の主人公に以下のように考えさせ、そしておそらく自身もそう考えた三島由紀夫と対極的関係にある。「明治維新の大目標は、政治及び兵馬の大権を、天皇に奉還せしむるにありき。わが昭和維新の大目標は、金融産業の大権を、天皇に直属せしめ、西欧的唯物的なる資本主義及び共産主義を攘伐して、民を塗炭の苦しみより救い、炳乎たる天日の下、皇道恢弘の御親政を冀求し奉るにあり」（『奔馬』、新潮文庫版303頁）。「このように荒廃し、民は飢えに泣く日本とは、いかなる日本でありましょうか。天皇陛下がおいでになるのに、かくまで澆季末世になったのは何故でありましょうか。君側に侍する高位高官も、東北の寒村で泣く農民も、天皇の赤子たることには何ら渝りがないというのが、すめらみくにの世界に誇るべき特色ではないでしょうか」（同470〜471頁）。

わたし自身の考えは、北と三島の対比で言えば明らかに三島の側にある。

経済と精神文化

さて、大正七年には満川亀太郎や大川周明らを中心として、老壮会が結成されるが、そこには満川、大川、北の他、堺利彦や高畠素之、権藤成卿、大井憲太郎、中野正剛等が集った。この老壮会はほどなく分裂してしまったが、一般に思うほど右翼、左翼と呼ばれる思想の距離は遠くない。

満川亀太郎は「革命時代之到来」で、「国民生活に対する自由放任の政策と権力階級に対する保護政策とは相俟ちて庶民を圧迫し最早救ふ可らざる深淵に堕したり」（論創社版『三国干渉以後』２８６頁）と述べていたし、「何故に過激派を敵とする乎」ではソ連の承認を訴えている（同２９５～３０３頁）。それに対し大川も賛意を示している。思想的には北のほうが大川、満川よりも社会主義、共産主義に近いが、外交的には北はむしろ反ソであり、大川や満川のほうが親ソであったということは興味深い。ソ連はアジアの植民地解放を謳っていたからかもしれない。現代の感覚ではなかなか理解するのは難しいが、戦前の知識人層にとっては、ソ連は「アジア的」な国家として受け取られていた。桶谷秀昭氏は自著『草花の匂ふ国家』の題の由来を次のように語っている。

本書の題名は、芥川龍之介の晩年の遺稿の詩「僕の瑞威から」に負うてゐる。
「君は僕等の東洋が生んだ
草花の匂のする電気機関車だ。」
芥川はレエニンについてイロニイをこめて歌ってゐるのだが、レエニンという精神は、北一輝の世代までの日本人にとつては、西郷の精神からの自然な聯想上にあつたらしく思はれる。（『草花の匂ふ国家』あとがき２４７頁）

西洋文明への抵抗と反発を抱えながら独自の近代化を模索する姿に「東洋」を見出している。

また、大川周明は日本政治について「精神に自由、経済に友愛、政治に平等」だという考え方を持っていた。もっともこれはフランス革命の自由平等友愛をなぞらえている点で若干不満がないわけではない。言葉遊びだと言われかねないが、わたしはこれを「精神に自主、経済に惻隠、政治に公平」と言いかえたい。

特に強調したいのは「経済に惻隠」である。共同体はその構成員にある程度経済的公平性を要求する。しかしそれは一方で経済的に失敗した者の、経済成功者への嫉妬心をあおってしまうような事態にもつながりかねない。もとよりそれはわたしの本意とすることではない。惻隠と言ったとき、それは経済的に成功した者と失敗した者がいるという事実を容認しているということを暗に示している。しかしそれは例えば「勝ち組」「負け組」といった呼称でくくられるべき類ではなく、経済的勝者は社会に支えられてこそ富者になりえたのだから、社会貢献をすることで恩返しをするべきなのである。俗に「立身出世」というが、「立身」とは儒教用語であり、経済的のみならず道徳的にも一人前になることを意味する。真に「立身」していくことが必要なのだ。

結局日本人が精神文化を自ら育まない限り国が栄えることはない。精神を失った国家は、政府は存在しても国として滅びてしまう。日本精神の各人の会得こそ求められている課題ではないだろうか。

特に明治以降のわが国は、伝統を軽んじながら発展してきた面は否定できない。それへの反省の視座なくして伝統を語ることはできないのではないか。長山靖生氏の『「日本の私」やりなおす』のなかに次のような一節がある。


それにしても、明治から今日に至るまで、日本の権力の中枢を指して、保守だの反動だの守旧だのと批判してきた言説の、なんと的外れだったことだろう。この国の中心に保守はない。あるのは、伝統も文化も重んじない、安易な改革主義だけだ。それを強行する人々は、時代の流れだの進歩だのグローバリズムなどというが、それは少しも新しくはない。なぜなら、そんなものはすぐに古びるからだ。

近代日本は、伝統を「古くさいもの」として切り捨ててきた。明治日本もそうだったし、戦後はますますその傾向が強まった。古いものの価値を認めず、文化を軽視するのは、なにも今どきの若者の特徴ではなく、近代日本の新伝統とさえいえる。だが、そうやって新しさばかり追究するところに、本当の新しさはありえない。なぜなら、彼らの視野には「今」しかないからだ。来年になったら古くなる最新ファッションや、一〇年後には役立たずになる一〇年計画は、本当は「今」だって新しくはないのだ。そんなものよりは、一〇年後一〇〇年後になって懐かしまれ、惜しまれるもののほうが、ずっと

本質的に新しいのである。（185〜186頁）

「伝統なき保守」は「古くさい進歩」を掲げて目先のことしか考えない資本主義社会を突き進んでいる。グローバリズムに安易に迎合する団体のどこに保守性があるのか。それすら見抜けず、「自称保守」を「右翼」「アナクロニズム」と非難し続けた「革新派」は、もはや語るに値しない。ところが日本史においてこうした伝統尊重の側からの批判は、ごく小さい声にとどまった。技術革新と資本主義への抵抗を国柄の尊重と捉える議論は、ごくわずかである。治安維持法に対し、「皇室を資本主義、産業主義の擁護者とする気か」と抗議した人物は里見岸雄等一部の先覚に留まった。皇室の存立基盤、もしくは儀式面において農業、特に米作りは大きな影響を与えているにも関わらずである。

伝統を重んじることと先例主義は違う。先例主義は官僚社会に顕著であるが、「以前同様のことを行ったか」を最大の関心事とするものである。これを奉じる社会は、安定するが停滞する。伝統重視の姿勢は、単に慣習を尊重するだけではなく、個々の事象において守るべき伝統を自覚的に選択し、主体性をもって歴史に対応していく態度である。

冷戦期の最大の誤りは資本主義に好意的＝右翼・保守、弱者救済に熱心＝左翼・革新などという愚かな二分法を取ってしまったことではないだろうか。同じ国民の苦境に思いを致し、彼らの劣悪な待遇に義憤するのは祖国を思う心そのものではないか。

そもそも皇室は西洋王室と違って、地主の代表でもなければ、異民族が乗りこんできて立てた征服王朝でもない。日本の尊皇派が階級もしくは資本関係による格差を擁護するなど歴史の否定ではないか。仁徳天皇は民のかまどに煙の上がるのを心に留められた。皇室は武力や金力により人を従える覇者ではない。民が自然と仰ぎ見る王者である。この考えは支那思想であるが、むしろわが国で実践された。

既に述べた通り、戦前の社会主義・共産主義者として有名な幸徳秋水や小林多喜二もこの仁徳天皇の逸話は大好きだったという。ところが福沢諭吉は、この逸話を古代は苛烈な政治が行われていた証だと捉えたという。両者の思想的温度差は既に述べたとおりである。

第三節　市場社会の論理の克服

「国家」という概念と経済成長

国家は、歴史的に形成され、国民が国民であるために必要なものだ。国家は歴史性を背負っており、なおかつ国民性そのものである。ここで言う国家は政府と同義ではない。国家は政府、国民、文化、歴史などを包含した概念だ。経済を考える際にも抽象的な資本主義理論だけではなく、文化や歴史、国民性なども考慮に入れなければ社会に害をもたらす。政治や経済は国民が国民であるという使命を達成する手段であり、それを見誤ってはならない。目先の景気動向もむろん大事だが、あくまで見つめるべきは日本の国家的興隆である。それはGDPが上がったとか、そういった数字で測れるものでは決してない。GDPが伸び、経済成長するだけでよいならば、すべての家族を解体し、低所得者の仕事として使用人を使う社会になれば「経済成長」するだろう。あるいは親は子供の看病を放棄し、ささいな病気もすべて病院に見させれば「経済成長」するだろう。家庭が不和になれば離婚裁判で弁護士が必要になり、「経済成長」するだろう。食事はすべて外食となれば「経済成長」するだろう。学校はすべて私立とすれば「経済成長」するだろう。刑務所も民営化すれば「経済成長」するだろう。極端な事例を挙げたが、要するに社会の内実を見ることを忘れた成長論など無意味だということだ。経済成長に固執することは誤りである。あくまでもその経済には内実が伴わなければならない。「経済力は自己の暮らしの基礎である文化の成熟のためにある」のであって、その文化とは「民族のアイデンティティであり、ひらたくいえば暮らしの立てかたである」と言ったのは川勝平太だが（『鎖国と資本主義』149頁）、この部分に関してはまさにその通りである。文化的な裏付けのない経済成長など害しかもたらさない。

難波田春夫は、『国家と経済（戦後版）』で、「みずからの自律性を主張することによってみずからをその根拠から解放した経済は、それゆえに却って再びその根拠に復帰して行く（中略）。近代に至って経済は自己の自律性を主張し、自由経済の名が示すように、大いに自律的となることができた。けれども、それは限られた自律性でしかないため、経済が自らの法則を主張すればするほど、却って他者との関連なしには存立しがたいことに気づかざるを得ない。経済は自己の限界を自覚し、自己の存立のために自己でないものを要請せざるを得ないようになる。」（『国家と経済』難波田春夫著作集6、1頁）と説く。言い換えると、経済は自由競争が原則であり、それにより秩序を形作っているが、それはあくまでも経済界における秩序でしかないために、自由競争を主張すればするほど、却って経済の論理とはまた違った秩序で動いている世界を必要とする、と言うことだ。違った秩序で動いている世界として難波田が期待したのが、「法、政治、道徳」であった（同2頁）。そして「経済はこの全体としての社会における一部分となることにおいて、却って経済の真の意味を持つことができる。経済はその自律性においてではなく、他との相互依存関係の中に自己の存在理由を見出す。いな、かかる関係においてでなければ存立し得ないことを知る。経済は自らをこえることによって、はじめて経済となるのである。」（同2頁）とした。

グローバリズムという空論

例えば、各企業は現在資本の論理で動いており、時に「グローバル化」と称し国家の枠を超えて活動しているように見えるが、生まれ持った風土や文化を離れて企業が存在できるという考えそのものが「グローバル化」の空論とも言える。人々が「自然」に育んだ文化や歴史を無視したのっぺりとした各国画一的な市場というものは存在しない。仮に資本が海を越えるようなことがあったとしても、それはその先で必ず現地の文化の研究に迫られることだろう。「グローバル化」による幻想をまず捨てることこそ必要だ。「自国でダメだったから他国で儲ける」式の理屈は通用しない。いくら「グローバル化」だの「民間にできることは民間に」と叫んでみたところで有事になればむき出しの国家の論理に支配されるのが現実の社会である。グローバル化などは平時にしか成り立たない幻想の世界で商売を行っているようなものだ。そもそも市場の形成に際しては、同じ通貨もしくは交換比が明確な通貨を使い、会話が通じ、安全であることが不可欠だ。これらすべて市場だけでなしえることではなく、あくまで政府や社会を前提にしてこそ成り立つものだ。これはごく当たり前の常識を述べたまでのことである。だが、要するにこの通貨、言語、安全の前提が成り立たなくなった時点で、「グローバル」と言う幻想の世界はいつの間にか消滅して、相変わらず主権国家の論理で動きだすのである。政府は今やグローバル企業の稼ぐ外貨なしでは運営もままならず、それゆえ政策的にあれこれ「支援」して見せるのだが、それはもはや「幻想の世界」なくしては立ち行かない、哀しき政府の姿でもある。賃上げさせたり、企業に社会負担を担わせようとすれば「国外に出ていく」と脅しをかけ、負担から逃れようとする企業。また、そうした企業に優遇措置をとることで企業を誘致しようとする政府も出てくる。それを実現するための負担は一般国民から取られていく。

政府はグローバルな市場と対立関係にあるだけではなく、奇妙な依存関係にもある。資本は外部に拡大する性質を持っており、本質的にグローバルである。だとすれば政府は必要ないか。いや、そうではない。なぜなら市場の側には外交力や軍事力がない。せいぜい税金をはらっているということ、政治献金や票田ということくらいしか影響力を持ちえない。したがって他国政府との交渉ごとは、企業にはできないのである。必ず自国政府を動かす必要がある。グローバル化は経済における無秩序化、無政府化を推進する思想である。ただし政府の側も、税収や雇用などの政策の観点からも、ある程度グローバル企業に依存しなければ立ち行かなくなっている。

グローバリズムは、国家より市場を重視する論理に他ならない。要するに経済における政府の存在を薄くしようとする思想である。だが、不思議なことにグローバル市場は政府の力なしには成立しないのである。政府の通貨、政府の教育、政府のインフラ、あるいは場合によって政府の補助金や政府が規制を緩和すると言った政策的支援があって初めてグローバル化が成り立つのである。また、これと関連して政府の景気対策に期待する向きもグローバル化になろうが依然として残っていることからも、グローバル化が即無政府化になるとは限らない。「グローバル化」や「規制緩和」は政府の壁を低くしようとする動きであるとともに、どこをグローバル化し、どこの規制を緩和するかは政府に委ねられているために、政府権力の強化にもつながるからである。グローバル化することにより、企業はその所属する政府を自由に選択することができる。したがって税金のもっとも安いところに本拠地を置けばよい。上記は理論的帰結だが、実のところ顧客や従業員を捨てて他国に転出するなどそう簡単にはできない。社会が分裂し、不安定化しようとも結局企業はそこにいるしかなくなる。だが退行した市場はそう簡単には戻らない。結果、政府の補助金や施策に依存する体質が生まれてくるのである。

ここまで述べてきたように、グローバリズムという概念は意外にも複雑である。それは、グローバリズムは「国際企業を中心とした市場秩序が国境や文化の壁を破壊していく」という「ボーダレス・エコノミー」の部分と、「アメリカを中心とした超大国の国益に過ぎないものを「グローバルスタンダード」と称してすべての国に押し付けていく」という「帝国主義」の部分が混在し、場面場面によってその二つの側面が同時に現れたり、一方だけ現れたりするからだ。そのどちらもわが国にとって有害でしかないが、その事象を分析するときは両面を見なくてはならないだろう。

資本主義への疑問

それにしても富裕層や大企業には「社会の公器」たる自覚がまるでなくなったように思える。経営者には株主の利益ばかりでなく、従業員、顧客、下請け、地域社会に対する責任感が欠如している。しかしそれはある意味金銭的な成功のみを勝利とする資本主義的な考えに、社会全体が染まってしまったことも意味するのではないだろうか。難波田はアダム・スミスを引きながら、資本主義は宗教も道徳も必要とせず、法は最小限にとどめ、富を増大させることに秩序の基本的条件を置いていたことを示している（『国家と経済』35〜36頁）。資本主義は金銭的な物差しでしか人生を計れず、「何が正しいか」という倫理的問いを失った思想なのである。そして仏教でも儒教でも耶蘇でも、古くから続く教えは必ず商人を讃えなかった。

田中美知太郎は、マルクス主義者批判の文脈で、「わたしたちはただ労働者として存在するのではなくて、わたしたちの存在の一面において、わたしたちが労働者であるに過ぎない」と言っている（「市民的な立場から」、『現代日本思想体系35新保守主義』、178頁）。その通りである。だが、田中は資本主義もまた、人間における労働者以外の側面を軽視する思想であることを指摘しなかった。資本主義は家事労働や老後の生活を軽視し、そういったことに従事している人たちを「活用」することが大事だとした。まるで遊んでいるかのような言いぐさをするものだ。

他にも、経済において格差を肯定する論説として、「努力する人が報われないのはおかしい」と言う言い方がある。だがその中に拝金主義者特有の発想があるように思われる。努力する人が報われない云々と言うが、その努力とは何か。当然のことながらカネ儲けをする努力なのである。つまり努力が報われる社会にしろという言い方で格差肯定をするということはその人がカネにしか価値を認めていないということである。カネという一元的価値にしか関心がないからそういうことが言えるのだ。貧乏な人を見て、その人が貧乏なのは努力が足らず怠けているからだと思い、無能だと考えるのはカネ儲けしか考えていないからである。というよりも貧乏人を努力していない人と決め付け、そのうえで「自分は努力しているのだから高い報酬をもらって当然だ」と居直る様は単純に傲岸だ。赤松克麿が「國民經濟を行き詰らせ、國家政治を堕落せしめ、民族精神を頽廃に導き國民大衆を不安と絶望の淵に投げ込んだものは誰れであるか。それは末期資本主義そのもの以外の何物でもない」（『新國民運動の基調』

61頁）と論じたとおりである。

国家とは単なる利益共同体ではない。国家の存立基盤には必ず信仰とも呼ぶべき「物語」が存在する。民族とは本来血による結合のみならず、精神的な結合による共同体である。歴史や言語、学問、芸術、宗教などを共有し精神的に結びついていくのである。したがって国家の存立基盤として「物語」を求めるのは近代国家に限らず、あらゆる国家的組織にとって「物語」は求められ続けるものである。神話もまた然りである。「民族」はいわゆる近代に「発明」されたものとされる。だがそれは近代だけでは成立することのできない代物である。もともと「民族」が成立するだけの土壌がないところに「民族」を生み出すことはできない。

しかし資本主義は国家を単なる経済的一拠点としか見ない。そして人々が自己利益を保障される限りにおいて、国家の存立を認めるのだと思い込んでいる。それにより利益を共有できると信じている。しかし民族主義以外でどのようにして国家を共同体化する理屈があり得ようか。民族主義以外のいかなる思想において愛国が語りえようか。民族主義は同胞愛であるゆえに、ある程度の構成員の均質性を求める。均質性を拒否する人間が愛国を語る時は、たいてい階級格差の隠蔽と相場は決まっている。同胞愛は自己利益を超えたところにある。同胞の窮状に心を痛めずして愛国が語れるのだろうか。民族主義は国家を共同体とみなる。

國體と資本主義批判、冷戦概念

既に述べていることではあるが、資本主義批判をするとどうしても「共産主義者」、「左翼」と言われかねないのでしつこく断っておきたい。

冷戦は日本人の心に三十八度線を引き、以後日本人が一つにまとまるのはなかなか難しいことになってしまった。特に政治的分野ではそれが難しいと言えるだろう。冷戦は二十年以上前に終わったと言うのに、未だに日本の政党の思想構造は冷戦期のままであることも、冷戦の影響から未だに脱出できていない証と言える。

冷戦の進展により、いわゆる「革新」的な言論は「革新」的な政治運動を擁護し、勢力を高めようとする世論形成を狙ってきた。それに対抗する形で現れた「保守」的な言論は政府擁護の論陣を張ることが自然と多くなった。戦後日本における政府とは自民党である。それにより言論界と政界にはある種の持ちつ持たれつの関係ができ、言論界で活躍した人は政府の委員会に有識者として招かれることもあった。それらの活動に何の意義もなかったとも言わないし、また自民党の応援ばかりして自らの考えを失ったとも言わない。だが自民党が撒き散らす政治の弊害に鈍感になった部分は少なからずあったのではないか。地方の衰退も、功利主義の蔓延も、伝統の軽視も、国家観の不在も、日米安保への異常な依存も、すべて自民党政権が発端でその毒を撒き散らしてきた。なによりＧＨＱにより一部ゆがめられた皇室のあるべき姿を回復しようという動きは一向に実現していない。そしてそれに対する批判精神はなかなか育たなかった。自民党の応援団と化していたからだと言われても仕方あるまい。

晩年の平泉澄は、自民党が行う憲法改正に批判的であったという。自民党のやり方に従えば、今よりもずっと対米従属を深めるような憲法に改正されてしまうからに他ならない。

現代においても、政党どうしの票取り合戦から無縁でいたい論客は、ときに自己を「中立」の立場であるかのように演出して見せた。だがその内実は中立を装い結局どちらかの党派に誘導するものであるか、もしくは両論併記するような中間的な存在にしかなれなかった。新聞、テレビは「報道機関」ではなく「通信社」と化した。

本稿の大きな論点の一つであるが、民主主義、資本主義、共産主義は三つ子の兄弟である。民主主義も資本主義も共産主義も強烈なイデオロギーであることを自覚しなくてはならない。

民主主義は、「各人がそれぞれの利益に基づいて投票、議論すれば全体の利益となる」という前提である。そして「民衆により政治がおこなわれなければならない」ということを前提としている。もちろん前者は資本主義に結び付き、後者は共産主義につながっていく。民主主義とは公議輿論を重んじるということではない。選挙や議会による政治以外は全て抑圧的で独裁的な政治だとみなすイデオロギーのことである。

資本主義は「各人が自己利益を追求すれば『神の見えざる手』が働いて全体の利益に調和する」というものだ。「神」が出てくることからもわかるように、資本主義は耶蘇の神学である。だからこそアダム・スミスら初期の資本主義者らは耶蘇的道徳を語ることに熱心であった。弱者救済は耶蘇教の良心により個人慈善の範囲で行うべきであり、政府が行うべきでないとしていた。資本主義とは自由に商売を営むことで社会を維持していくということではない。国境を経済障壁としか見なさないイデオロギーのことである。

共産主義は真に民衆のための政治が行われるために「プロレタリアート独裁」によりブルジョア階級を打破していくことで民衆により政治が行うことが必要だ、という思想であった。共産主義とは弱者を救うということではない。弱者の救済はプロレタリアート独裁による革命でしか達成されないというイデオロギーのことである。

そしてこれらのイデオロギーのすべてに通底する観念として、各国固有の文化、民族性に思いを致さないということがある。日本の國體、文化、民族性を重んじる者の一人として、民主主義、資本主義、共産主義を超克したわが国のあるべき姿、われわれの魂のありかを考えることが必要なのだ。

葦津珍彦も『国体問答』で「いやしくも日本国のことを考えようとする者は、憲法学でも政治学でも経済学でも、国体の研究を前提としなければならない。（中略）国の体質を無視して、政治や法律、経済等々を論じても、そんなのは架空の抽象論にすぎない。国の体質、国体の研究が必要な所以である」と述べている（『日本の君主制　葦津珍彦の主張シリーズⅠ』、145頁）。

小括――わが国の根本問題

ここで第一章のまとめも兼ねて、いまわが国が抱える根本問題について論じておきたい。

わが国は明治維新後、富国強兵、殖産興業の政策を進め、それを「文明開化」であると正当化してきた。もちろんその背景には植民地化の恐怖があり、一旦近代文明を受け入れたうえで日本の独立を達成しようという大攘夷の精神があった。だが、福沢諭吉は和漢の学を罵倒し、津田左右吉は皇室が日本の神話に繋がっていることを、「近代人の理性に堪えない」と愚弄した。ベルツに「日本の歴史はない」といった輩がいるように、大攘夷の精神の裏には、日本の歴史や伝統、信仰を否定せずにはいられない何かが潜んでいた。福沢ですら「誰か西洋諸国の白人を文明という。正にこれ人道外の白鬼なり。耶蘇の宗旨もクソデモクラエ」という反骨精神を持っていたにもかかわらず、そうした発言はあまり表には出てこなかった。

和漢の学の代わりに入ってきたのが、資本主義の精神であった。人間は自己利益を追求する存在であり、人生とは要はカネ儲けのことであるという考えが徐々に人々に染みついてきた。それはマルクス主義経済学においても例外ではなく、あくまでプロレタリアート独裁による共産社会が登場するまでの過渡期と見なしていたとはいえ、市場競争を当然のものとしてみていた点では近代経済学と何も変わらない。本稿で紹介しているとおり資本主義の論理に対する批判はあったが、未だ時代を変革する動きにまではなっていない。

商売を、町の商店主が愛想を良くしよい商品を取り揃えたら売上が上がったという個人の努力譚として捉えることはそろそろやめにするべきだ。資本主義の精神とは、努力して「良いもの」を作るということではない。自らが儲けるために他人を振り回すことを正当化する精神である。資本主義の精神を批判したうえで、正統なる倫理道徳を取り戻すことが重要なのである。

第二章　社会主義の由来とその展開

第一節　社会主義の原義と西洋近代思想

日本的社会主義、社会主義、共産主義の違い

薬師院仁志氏は『社会主義の誤解を解く』で、「マルクスこそが社会主義の本家本元だという認識は、必ずしも万人に共有されて来た定説ではない」として、社会主義の本質を「反自由主義」に置く。経済的な自由主義は必ずしも人を自由にはせず、貧困や過重労働、教育格差などさまざまな問題をもたらしたとした（7〜8頁）。

本稿では薬師院氏の定義を参考に、共産党の指導を受けた階級闘争による武力革命により理想社会の実現を望む思想を「共産主義」、武力的な階級闘争によらず貧富の問題を解決しようという考えを「社会主義」と呼ぶことにしたい。ただしこの定義を取った場合社会主義は計画経済を行おうというものから資本主義に倫理的制約を課そうというものまで非常に幅広い思想を含むことになる。そこで社会主義の中でもわが国の歴史、伝統、文化に基づいた上で社会秩序を構想しようというものを「日本的社会主義」と呼ぶ。わたしはこの立場である。本稿では「社会主義」に基づく様々な意見を紹介したうえで、自分なりの「日本的社会主義」を描いていきたい。

陸羯南は『自由主義如何』で、次のように評している。

自由と平等は兄弟の関係であるが、仇敵の関係になることもある。門閥ではなく各人がその能力を発揮するために、平等は大きな効果をあげたし、自由もまたそれに貢献した。しかし自由主義のみが採用された場合、貧富の格差が拡大し、富める者は帝王をもしのぎ、貧しき者は乞食《ママ》になってしまっている。自由主義は、国家は安全保障のみを果たす機関だとして、上記のことに何の干渉もさせようとしないのか。国家はある面においては富者を抑制する働きを持っている。この場合国家は平等の味方であり自由の敵である。自由主義を単純に導入すれば貧富の格差を増すばかりである。自由主義がこのようなものなら私はその味方であることをやめる他ない。

自由主義は功名に与る手段でもある。私は功名には熱心ではないが、日本国民の発達のためには自由主義の実行を望むものだ。個人に自由に才能を発揮させ、国民にその特性を育ませ、世界全体を進歩させようとするものこそ真の自由主義ではないのか。

自由主義はわれわれに自尊自信を与え、自立及び自治を得る能力や権利があることを知らしめるものだ。議論により国民が自らその取るべき道を改めることができることを知らしめるものである。そして自分の自由を重んじるが故に他人の自由も尊重すべきであることを知らしめるものである。世に言う自由主義がこういうものであるなら、私は

自由主義の味方である。（『陸羯南全集　一巻』33～34頁筆者要約）

ここで陸は国家が貧富に干渉せず、公安保護のみに終始させようと言ういわゆる「夜警国家」論に対して「国家権威の本質はある点において平等の原則を持つ」という観点から反論していることは興味深い。つまりこれは「同じ国家の構成員なのだから平等に扱われるべきだ」というナショナリズム的見地でもあり、薬師院氏が言うところの社会主義的見地でもあるのである。

また、「国民の特性を自由に発揮させる」と言うことは、「国民個人の性質を発揮させる」という意味ではなく、「日本国民としての性質を発揮させる」という意味で使っていることは注意すべき点である。つまり「個人の才能を発揮させるのと同様に、国家としてもその性質を発揮させよ」という意見なのである。陸は「国民の特性」をそれぞれ発揮させることにより世界が形づくられることを理想としている。各国が持ち味を出すことで世界秩序が保たれるというのが陸の世界大の視野にたった国際秩序論なのである。

また、陸は日本の自由主義を明治維新から登場したものであり、決して西洋からの輸入によるものではないとし、「日本魂の再振と共に日本帝国に発生」（同29頁）したものだと位置付けている。このことから陸は、自由主義の存在を容認しつつ、それを日本の歴史、魂に直結させ、振興させたうえで格差拡大などの負の側面は修正されるべきだと考えていたことが伺える。植手通有の言葉を使えば、陸は「国民の歴史的継続性と有機的全体性を強調するその保守主義的思考態度」（岩波文庫『近時政論考』解説　植手通有「史論としての『近時政論考』」、178頁）を持っていた。

陸のこの考えは吉田松陰に通じるものがある。松陰は佐久間象山の甥に書簡でこう語っている。「独立不羈三千年来の大日本、一朝人の羈縛を受くること、血性ある者視るに忍ぶべけんや。那波列翁（ナポレオン）を起してフレーヘード（自由）を唱へねば腹悶医し難し」（奈良本辰也編『吉田松陰著作選』421頁）。松陰が自ら起すべき行動をナポレオンになぞらえるなどとても新鮮だが、陸の自由主義論もこの松陰の考えの延長線上にいることは理解できよう。

一方で陸は明治維新後、自由主義がはびこることで格差が開き、拝金主義的な堕落が起こったことをつぶさに見ていた。したがって陸は簡単に自らを「自由主義者」に任ずることはなかった。陸は『自由主義如何』で、「然れども吾輩は単に自由主義を奉ずる者にあらず、即ち自由主義は吾輩の単一なる神にあらざるなり。吾輩は或る点に付て自由主義を取るものなり。故に吾輩は自由主義固より之に味方すべし。然れども吾輩の眼中には干渉主義もあり、又た進歩主義もあり、保守主義もあり、又た平民主義もあり、貴族主義もあり、各々其の適当の点に据置きて吾輩は社交及び政治の問題を截断すべし」（『陸羯南全集　一巻』35頁）と言う。これは恐ろしいほどの楽観である。プラグマティズムとも言えるのかもしれないが、要するにそれが日本人にとって有用であるならば、干渉でも自由でも何でもよろしいと言っているのである。だが、この恐ろしいまでの楽観は、猫の手も借りなければ日本は到底独立を維持できないという絶望的悲観のなかから生まれたものとも言える。

「右翼」と「左翼」という観念

松尾匡氏は『新しい左翼入門』の中で右翼と左翼の定義について書いている。要約すると、右翼は世界をウチとソトに分け、ウチを擁護する思想であり、左翼は世界をウエとシタに分け、シタを擁護する思想だという。その上で、「本当の右翼ならば、「ウチ」の内部では、共同体としての団結と助け合いを求める。したがって、その団結を乱す競争は制約しようとするし、共同体が「上」と「下」に分裂していくことを肯定したりはしない」という（254〜256頁及び254頁にアドレスが紹介されている著者ウェブサイト参照）。まさにその通りだ。

しかし、例えば戦前の「右翼」と呼ばれた人たちは欧米のアジア侵略に義憤し、欧米に対抗することを訴えた。いわゆるアジア主義と言われる主張である。アジアをウチと考えて、ソトである欧米に対抗する思想なのだ。また、日本の社会主義者と呼ばれる人たちは、少なくともその初期はあくまで日本国内のウエとシタでシタを擁護する存在であった。シタの国民の生活が向上すると言って支那事変に積極的に賛成した人物もいた。

例えば若き日の葦津珍彦は「日本民族の世界政策私見」で日英同盟を「アングロサクソン

の利益のために、印度民衆を抑圧せしむべき義務を承認した」と厳しく批判しつつ、併せて「民族の地位と歴史と現勢に鑑み、遠き将来をも慮り、天地の正道に立ち、根本国策を練り、上日本天皇の御裁可を仰ぎ、絶対不可侵の根本国策を確立」しなければならないと説いていた。そのためには内政の改革の断行が必要であり、「外に、暴風雨の如き重圧を迎へ、内には資本主義のため激成せられし「階級の対立」を放任したならば、何を以てか民族の独立を保ち得るの途があらうか」と論じていた（『神道的日本民族論』14～15頁）。ここでの葦津はアジア主義的主張を出発点に反資本主義的主張に着地している。右翼と左翼の原理原則は松尾氏のいう通りなのだが、論者の意図によって簡単にかつ大胆に飛躍可能な分類であると言わなければならない。

河上肇は、島崎藤村に「もつと欧羅巴をよく知らうぢゃ有りませんか」と話しかけられた時に、「愛国心といふものを忘れないで居て下さい」と答えたという。河上は晩年、『自叙伝』で「私はマルクス主義者として立つてゐた当時でも、曾て日本国を忘れたり日本人を嫌つたりしたことはない。寧ろ日本人全体の幸福、日本国家の隆盛を念とすればこそ、私は一日も早くこの国をソヴェト組織に改善せんことを熱望したのである」と回想している（牧野邦昭『戦時下の経済学者』6頁）。牧野氏が「河上にとって、ナショナリズムとマルクス主義は両立可能なものであり、最後までナショナリズムを捨てることはなかった」と評している通り（同6頁）、日本が「ソヴェト組織」に変ったほうがよかった否かは別にして、河上は「シタ」の為に発言していたというよりは「ウチ」の為に発言していた。
このように、「右翼」とか「左翼」と言った区分を思想家は簡単に乗り越えていく。

西洋思想と近代

さきほど、陸羯南が自由主義を「日本魂の再振と共に日本帝国に発生」したものだと見做していたことを紹介した。しかし陸自身が、自由主義は西洋からの輸入概念ではないのだと言わざるを得なかったように、「自由」や「平等」といった近代原理は西洋起源の世界に普遍的な概念と見做されがちである。西洋近代のイメージについて、最近はこのような純粋無垢な言説は減ってきたが、「自由」とか「平等」といった市民革命の旗印を思い浮かべ、ヨーロッパはさぞ自由で平等な国だろうと論じられる。その上で「まだまだ近代化が足りない」とか「今の日本は前近代的」だとか、「アナクロニズム」と批判したりされたりする。しかしこういう言い分は正当なのだろうか。

確かにヨーロッパは最初に体系的に「自由」、「平等」といった思想を打ち出した場所である。だが、そのヨーロッパが意外に「保守的」であることはようやく最近になって語られ始めたところである。イギリスでは階級とか爵位が未だに残っている。ヨーロッパに現れたさまざまな「近代的」言説は、ヨーロッパにおいては現実という暗黙の前提に敗れ続けているのである。だから最初に市民革命を成し遂げたイギリスには爵位が残っているのである。そして、あとになって近代思想を導入した国ほど、近代思想に忠実な「近代的」な国となってしまっているのである。「近代思想にどれほど忠実か」を「近代的」の基準とするならば、イギリスよりドイツのほうが「近代的」で、ドイツより日本のほうが「近代的」になってしまう。こうなってくると何を基準にヨーロッパのほうが近代的だと思っているのか、根拠が揺らいでくる。

西尾幹二氏はこう言っている。

　われわれは百年の近代化の道を歩きつづけて、気がついてみると、ヨーロッパよりも日本のほうが古い因襲や習俗をすっかりふるい落としている。日本人の生活様式は、もう伝統を守ろうとする頑なさをもたない。文化の平均化は急速に進んでいる。平等意識はヨーロッパよりも発達している。階級の差などというものももう拘束力を持たない。職業の世襲も行われない。便利な生活用具はむしろ日本のほうに多い。日本人にはいかなる神話もなければ権威もない。信仰心も一般に薄い。共同体意識も希薄である。われわれは自由である。つまり、完全に『個人』である。もしも古い因襲や習俗や権威からの開放を『個人』のあり方の唯一の目標とするなら、日本人はいまやそういう目標に到達してしまっているとさえいえるのかもしれぬのである。（『ヨーロッパの個人主義』22～23

頁)。

そう述べた上で西尾氏は「人は自由に耐えられるのか」、「共同体から離れた『個人』が本当にありうるのか」という問題設定をしている。「近代化」というときは、往々にして「ヨーロッパ化」のことだが、しかしその「目指すべきヨーロッパ」と、「現実のヨーロッパ」との間には抜きがたい溝があるのだ。

その上で「人は不自由にぶつかって初めて、自由の何であるかに触れるのである」(同199頁)という結論に落ち着いている。人は自由に耐えられないし、「独立した個人」など幻想に過ぎない。独立した個人があると思っている人は、自分が不可避的に何に依存しているのか、おそらくそれが空気や水のように身近すぎて見えなくなってしまっているのであろう。「自由」、「平等」、そして「独立した個人」という近代思想の熱烈な原理主義者は社会を迷走させるもとになるのではないか。本書での西尾氏は競争に好意的な立場だが、思うに資本主義もまた「独立した個人」が「自由」に競争した結果、格差ができようともやむを得ない、という考え方である。その文脈で西尾氏は「結果の平等ではなく機会の平等」を主張するわけだが、それもまた幻想の近代原理にのっとった考え方ではないだろうか。「職業の世襲」も「共同体のつながり」も、現代資本主義にとっては「機会の平等」という観念の元打破されるべきものでしかない。

ところが今に至っても日本の伝統を取り戻す試みを時代錯誤の発想であるかのように冷笑

する向きがある。確かに前近代をそのまま再現しようと言う行為は時代錯誤であるし、われわれが近代化することによって得た利点を見つめていない議論であろう。しかし、近代思想の実現者は、「西欧」に無く、「西欧化を目指した非西欧」にあることを思いながら、「自由」や「平等」、「個人」と言った近代思想に対し、もっと懐疑的になる必要があるのではないか。

　そして社会主義を冷戦期の色眼鏡で見ず、その内実を確認する必要があるのではないか。たびたび断ってきたように、わたしは社会主義を信奉する立場ではない。だが同時に無条件に退ける立場でもない。その思想の中身で評価を下したいということである。

第二節　社会主義と儒学

日本の社会主義における儒学観念

社会主義はその初期には儒学の教養の深い人が関心を持った。幸徳秋水も堺利彦も河上肇も、儒教的国家観からマルクス主義に入っていった人物である。幸徳秋水は、「社会主義の主張は、社会を以て一大家庭と為すに在らざる可らず、社会は其父母たらざる可らず、各人は皆同朋たらざる可らず」（『社会主義真髄』岩波文庫版38頁）と述べているし、堺利彦もほぼ同義の主張をしている。また、堺は孟子や陽明学に強い関心を持つ人物であり、獄中でも『伝習録』を読む程であった。また、条約改正期には国粋主義の集まりに出席した旨回想している（『堺利彦全集　六巻』１３７頁）。河上肇の『貧乏物語』は彼が後年マルクス主義化すると絶版しなければならなくなるほど儒教的、道徳的に格差の是正を期待するものであった。社会の構成員を同朋としてみなす意識が強かったのである。

幸徳秋水は『廿世紀の怪物帝国主義』の中で愛国心をも否定するのだが、そこで使われている理屈として、子供が井戸に落ちそうになっていたら、迷わず救うだろう。それは一点の私もなく美しいものだが、しかしその子供を救うとき、自分の子供か否かと言ったことを考えないではないか、それを思えば愛国心は自分の国の人だけに限定しており、惻隠の心とは違うではないかと言う（岩波文庫版18頁）。この幸徳の主張の是非よりも、むしろその理論の初めに孟子を連想させる逸話から始めるところに、幸徳と儒学の関係の深さを感じるのである。

比較的近代原理に好意的だと思われている論客でも、「中庸」を重んじる儒学の影響からか、その無制限な摂取は憚られた。例えば中江兆民は『三酔人経綸問答』で「政事の本旨とは何ぞや。國民の意嚮に循由し、國民の知識に適當し、其れをして国民をして安靖の楽を保ちて、福祉の利を獲しむる、是なり。若し俄に國民の意嚮に循はず、知識に適せざる制度を用うるときは、安靖の楽と福祉の利とは、何に由りて之を得可けんや」と述べている（岩波文庫版１９６頁）。

社会主義と儒学の関係に話を戻して、西郷隆盛は『南洲翁遺訓』で、次のように述べている。

正道を踏み、國を以て斃るゝの精神無くば、外國交際は全かる可からず。彼の強大に畏縮し、圓滑を主として、曲げて彼の意に順従する時は、輕侮を招き、好親却て破れ、終に彼の制を受るに至らん。

談国事に及びし時、慨然として申されけるは、国の凌辱せらるゝに當りては、縦令國を以て斃るゝ共、正道を践み、義を盡すは政府の本務也。然るに平日金穀理財の事を議するを聞けば、如何なる英雄豪傑かと見ゆれ共、血の出る事に臨めば、頭を一處に集め、唯目前の苟安を謀るのみ、戦の一字を恐れ、政府の本務を墜しなば、商法支配所と申すものにて、更に政府には非ざる也。（岩波文庫版11頁。一部新字体に改めた）

大川周明は西郷の上記の章句を引用したうえでこう述べる。

この西郷南洲の言葉の裡には、先づ第一に国家の本質は道義的主体たることにあると云ふ観念が明瞭に含まれて居ます。第二には国家と云ふものは決して単なる経済社会ではなく、経済的生活は国家の一面に他ならぬと云ふ観念が、極めてハッキリと含まれて居る。単り南洲に限らず、維新の先覚は皆な国家をして道義的国家たらしめる為めに命を投出して盡力したのであります。（『日本及び日本人の道』１０５頁）

西郷の章句は損得勘定ばかりにとらわれず戦争を恐れるなという意味合いが強いものだが、大川は「経済的利益以上の価値が国家にはある」という見方をした。大川の読みは深読み、あるいは自己の思想に引きつけた読みかもしれないが、それだけに大川の思想、そして西郷南洲を用いて自己の思想を補強しようとしたこと等が興味深い。

ちなみに西郷は、「萬民の上に位する者、己を慎み、品行を正くし、驕奢を戒め、節倹を勉め、職事に勤勞して人民の標準となり、下民其の勤勞を氣の毒に思ふ樣ならでは、政令は行はれ難し」（『西郷南洲遺訓』岩波文庫版６頁）と述べている。この章句はあくまで政府の贅沢を戒めるものだが、それは儒教道徳に基づくものであり、経済界にも適用されるものだろう。大川の読みが突拍子のないものだとは思われない。

河上肇『貧乏物語』の論理

河上肇は『貧乏物語』で、貧富の格差の解決として、（階級闘争ではなく）「奢侈の禁止」など道徳律に寄りかかって解決を目指そうとした。それはマルクス主義的階級闘争観からすれば物足りないものであったため、河上は後年この本を絶版にしてしまった。しかし今この本を眺めると、その儒学性が興味深い。

貧乏物語は最初「驚くべきは現時の文明国における多数人の貧乏である」（『近代日本思想体系18河上肇集』153頁）として貧困が文明社会を転覆させる可能性が間近に迫ったとした。河上は「貧乏人」の定義を、貧乏かどうかは比較論で行われるのではなく、生活が営めるか否かで判断すべきとした。人間が生きるには肉体と知能と霊魂が必要であり、その肉体が維持できるだけのものが取れない人を貧乏人としたのである。

そして「働かなければ貧乏になるようでなければ、人は怠けてしまう」という世間の論調に対して、今日の貧乏は「いくら働いても貧乏は免れぬぞという『絶望的の貧乏』なのである」と主張した。そして貧乏人が貧乏であればこそ健全な精神すら育めなくなる危険性を指摘した。

河上は人類が二足歩行するにしたがって道具を発明し、脳が発達してきたことに触れ、機械の発明こそ人類にとって重大な事件であったと説く。機械化こそ生産力を何倍にもした、とした。にもかかわらずどうして機械化がもっとも発達しているはずの西洋においても貧乏が根絶されていないのか。河上はマルサスの『人口論』を引きつつ、時に批判もしながら、議論を進めていく。河上は再分配ができていないから貧乏人がなくならないのだという意見を「間違い」だと断言する。少数の富者に物質が分捕られているから駄目なのだという意見を排斥している。そして原因は現在の経済の仕組みの「根本的欠点」にあるとする。つまり現在の経済社会は需要に対する供給で成り立っているが、「需要」とは購買の可能性のある人の「需要」であって、したがって「乞食」が宝石にあこがれたとてそれは願望であって「需要」ではない、とする。したがって貧乏人の欲しいものは需要とみなされず、富者が求める奢侈品ばかり需要となるため、結果街には（金持ちの需要による）奢侈品ばかりがあふれるのだ、とした。貧乏人には購買力がないためにその要求は満たされないのだ、としているのである。米を買うのにも困っている人がいながら、農家が暮らしていかねばならぬため政府が米価を吊り上げようとしている。これは矛盾であり、現在の「経済構造の欠陥」であるとする。

その解決策は、「貧民の所得を増加する」のでもあるが、それだけでは駄目で、「富者が自ら進んで一切の奢侈ぜいたくを廃止するに至る」必要があるとした。また、各種の生産事業を「私人の金儲け仕事」ではなく国家自らこれを担当すべきであるとした。「一国の軍備でも教育でももしこれを私人の金儲けの仕事に一任しておくならば、到底その目的を達し得らるるものではない。しかるに軍備よりも教育よりもなおいっそう大切なる生活必需品の生産という事業をば今日は私人の金もうけの仕事に一任しているから、それで各種の方面に遺憾なことが絶えないのである」。

そして経済学というものは、個人の利己心による活動を自由にやらせておけばやがて社会公共の福利を増進することができるという前提で創始されたものである。その放任主義的な経済学はすべて官業に反対して民業を主張し、保護干渉に反対して自由放任を主張するような個人主義的反国家思想であると述べている。

また、河上はアダム・スミスに代表される古典的経済学について「誤謬」があるとする。それは経済の目的を国の富力の増加のみとして捉えている点だ、という。富は元来「人生の目的の一手段―人が真に人になること―」でしかなく、したがって限度があるために無限にその増加を図るべきものではない、とした。いかに一国の富が増えようとも、少数の富者と数多くの貧乏人により成り立っているものであれば「健全なる経済状態といい難きもの」であり、なおかつ事業家の自己利益に一任している状態では、その改善は見込めないとしている。

河上が反対したところは、富さえ増えればそれが社会の繁栄であり、これ以上喜ぶべきものはない、という考え方自体であった。そのうえで「社会主義」が国家の存在を認めず、労働組合主導で労働者階級の利益を誘導し、世界主義や無政府主義と同一であるかのような誤解を受けているが、少なくとも自分の考えはそうではないという。河上の意見は経済的国家主義、民業に対する官業主義なのである、と自己規定した。

河上はいくら制度を変えても、社会を組織する一般の人々の思想、精神が変わらなければいくら豪傑が出ても駄目だと言う。そうでなければ根本的な変革は不可能であると言ったのだ。論語を引きながら、食が足らなければ道徳も乱れ、国も危うくなる、として経済の改革がなければ道徳は一向に増進されないと説いた。自己が儲けることを最上の価値とする経済思想を抱いているからこそ、道徳が乱れるのだ。「極端なる個人主義、利己主義、唯物主義、拝金主義にはしるに至る」のだとする。

ぜいたく品を使うことは、単に貧民にとって迷惑なだけでなく、個人の徳性を損なうことになるから駄目なのだと言う。公共に役立つものであればどんどん金を使えばよい、しかしそれが利己心によるものならば、慎まれなければならないと言うのが河上の考えなのである。基本的に伝統的日本政治は「倹約」を唱えることで財政を復活させようとしたのであり、それにならうことが肝要であると考えているようだ。貧乏人も無駄に物を費やしていることがあり、それは金持ちのときと同様に慎まれるべきだとした。

耶蘇、武士道、社会主義

第一章でも少し述べたが、明治時代の人々にとって耶蘇と武士道と社会主義はすべて相互に通じるものとして受け取られた。これらの全部もしくは二つを同時に信奉した人物は多かったのである。耶蘇は規律と博愛の宗教として迎えられた。江戸生まれの明治人にとって「文明」はあまりにも倫理意識に欠けるものとして映った。放縦と堕落がはびこり嫌悪感を催すものであった。かといって前時代にもはや後戻りするわけにもいかなかったのである。その時彼らの目に映ったのは耶蘇教であった。寺社は江戸幕府の支配の中で完全に官僚組織化しており、一部を除き信仰の場として機能していなかった。彼らは失った倫理意識を耶蘇の信仰の中に求めたのである。内村鑑三は陽明学と耶蘇を結び付けて理解していた。むしろ内村らの耶蘇信仰は武士道へのあこがれに近かった。だからこそ内村は既存の教会に満足できず、無教会派になったのである。逆にいえば耶蘇の実態が知れてしまえば耶蘇もまた武士道の対案になりえないことが露見してしまう。徳富蘇峰は耶蘇教徒であったが後に耶蘇を捨てている。

そして社会主義もまた国民への博愛の情として理解されたのであり、革命思想としては理解されなかった。社会主義が「階級闘争」と「プロレタリアート独裁」の共産主義になるのは明治時代末から大正時代にかけてである。それまでは社会主義とは博愛、現代でいえば福祉を重んじるというくらいに受け取られたのである。孟子の文脈で社会主義は理解された。幸徳秋水をはじめ初期社会主義者はみな耶蘇（片山潜、木下尚江、山川均、大杉栄、荒畑寒村、安部磯雄）か孟子の信奉者（幸徳秋水、堺利彦、河上肇）であった。武士道もまた強者の弱者への横暴を嫌いむしろ弱者へのいつくしみをたたえる思想であった。この点で三者は互いに結び付いていた。社会主義は唯物主義とも言われるように西洋では耶蘇の信仰と相性が悪いのだが、明治日本においてはそうはならなかったのである。

山路愛山は『現代日本教会史論』で日本人の精神活動が軟化したのは徳川時代の政策によるとしている。仏教が国教化されており、それに対し精神の自由を求めて朱子学や陽明学、国学、心学がでたとしている。そして明治以降日本人が欧化してしまったのは幕府が日本人の真実の信仰心を妨げてきたからだという。この本は基本的には日本の耶蘇教の歴史をたどる本である。興味深いのは耶蘇と儒学が結合していくこと等が中村正直の例などを引きつつ述べられている点である。また朱子学が唯物論に傾きやすくなったり、陽明学が唯心論になった傾向などを解説したりする等山路のするどい観察眼がうかがえる。山路はそこまで踏み込んでいないが、もともと例えば孔子が「子、怪力乱神を語らず」（述爾編）と言ったりすることに対して「孔子は迷信を拒絶した、唯物的人間だ」という解釈も可能だが、「信仰についてあれこれ語ることを嫌いとにかく信じることを重んじたのだ」、という唯心論的な言い方もできるからだ。

『現代日本教会史論』は、細かな事実において間違いが散見されるが、それにもまして山路の観察眼が面白い。この本で山路は単純な年譜的な日本の耶蘇教史だけでなく欧化主義やそれへの反発なども踏まえながら史論を展開している。欧化への反動を単純に批判的に見るのではなく、模倣に急だった日本人が自己の歴史の内にある「国民的自覚の一現象」（『日本の名著40徳富蘇峰・山路愛山』４１０頁）として捉えたのである。ただし山路は「保守反動」論者が耶蘇に対して反発したことに対して批判的である。

山路は社会主義の勃興や耶蘇教と社会主義の結合も触れている。その上で日本の教会が外国人宣教師から自由になることを強調して終わっている。儒学、耶蘇、社会主義が当時の日本人の信ずべき者を求める心から始まっていることをうかがわせる。

幸徳秋水と儒教

幸徳秋水が起こしたとされる大逆事件は、共産主義は無論社会主義にも大きな打撃を与えた。「社会」という言葉を使うことさえも憚られるようになった。この頃から共産主義と資本主義の二極分化が始まる。

幸徳は孟子や陽明学を信じる儒学徒でもあった。幸徳は師の中江兆民から革命の哲学を学んだが、一方で孟子や陽明学、そしてその背後にある武士道から己の義とするもののためなら命を捨てても構わないという情熱を身につけていた。社会主義や、後年の共産主義、無政府主義の活動はその実践に他ならなかった。

明治時代にも「前後左右を見ずに突っ走る傾向にある」という陽明学に対する批判はあった。大逆事件の後には特に「陽明学は社会主義のもとではないか」とささやかれることになったのである。穏健な陽明学徒はそれを正す必要に迫られた。だが陽明学は反藩閥政府感情などとも結びついて社会主義かそうでないかなどというような単純な議論でははかれなくなっていた。なぜなら尊皇思想を生んだ水戸学もまた儒学の強い影響下にあったからである。当時の陽明学会は大逆事件の翌年に水戸学に大きな影響を与えた朱舜水の碑の建立に尽力している。それは非尊皇の疑いを払拭する予防線でもありながら、幸徳の行動もまた陽明学であり、碑の建立もまた陽明学であるという陽明学の己の義の心に従うという多様性が生んだものでもあったのだ。

権藤成卿の社稷論

儒学と思想の関係で避けては通れないのが権藤成卿である。権藤は当時の政府をプロイセンの影響を受けた強権的な政府と見なしたうえで、「社稷」を重んじることを主張した。権藤の「社稷」概念は、「社」は地を神にする道であり、「稷」は五穀の長であり、社稷（政府）は国家が消滅したとしても存続する人間の団結もしくは信仰のよりどころであるとしたのである。王は儀礼により人々を感化する存在であり、世のことは生民の「自治」に委ねるべきだとした。また、社稷は「人民の自治」からなるが故に「国民の衣食住の大源」であり、「国民道徳の大源」であり、政体がいくら変わっても不変なものであるとした。

権藤の思想は儒学の強い影響下の下で生み出された思想に他ならない。だが支那においての社稷とは皇帝の祖先神であり王朝が交代すれば社稷も転換するものであった。「共同体共通の信仰」という意味合いを持つ権藤の社稷論は本場支那のものとも異なっている。権藤は政府を否定したことはあるが皇室を否定したことはない。その意味では、むしろ支那思想を意図的に日本流に読み替えていると言った方が正確だろう。村上一郎は『草莽論』で、「維新の草莽にとっては、社稷を祭祀する者としての天子が尊とばれたのであり、それは、彼らの社稷観が、きわめて信仰的な社稷観であったことを示している。社稷を尊ぶ精神が、即自的に信仰心だったのである。尊王とは、社稷の中心に祭祀者としての古代の明く清く直き天皇を据える思想である。もはや祭祀を必要としないというラディカリズムは、いまだ草莽のものではなかった。このようなラディカリズムは、産業資本主義的なものであろうが、そのラディカリズムはまた、共和とか民主とかの擬制を生むのである」（27～28頁）と評している。

この権藤の思想を厳しく批判したのが蓑田胸喜である。蓑田は権藤が述べる「社稷」観念は本家の支那で形骸化したにもかかわらず、それを意識していないということから始まる。そのうえで権藤が人の衣食住と男女の性欲を國體としたことに強く反発し、「徹底的功利主義者唯物論者」であるとし、橘孝三郎もその同類だとした（『蓑田胸喜全集　第三巻』659〜680頁）。この蓑田の批判はあまり有効とは思われないが、権藤が人々の生活の維持を主張するあまり物質的救済に偏っている点も否定できない。蓑田はそれをマルクス主義の影響と断じているが、その証明は成功していないように思われる。蓑田は時に「狂信的」な反共主義者と見られることがあるが、蓑田の思想を要約すれば、社会問題の解決は國體の明徴と日本文化への自覚によって行われるべきもので、物質的、行動的手段による解決は不幸な結果しか生まないというものだ。この点で蓑田は学ぶべきところの多い思想家である。本稿で取り上げる思想家にも蓑田に批判された論客は多い。だが蓑田の意見には聞くべきところも多いので、逐次参考にして論じている。

権藤と似たような思想を述べた人物に橘孝三郎がいる。橘は「日本愛国革新本義」で、「東洋の真精神に還って、世界的大都市中心に動かされつつある個人本位的烏合体的、寄合所帯的近世資本主義を超克、解消し得るに足る、国民本位的、共存共栄的、協同体完全国民社会を築き上げることより外ないと信ずる」と述べた（『現代日本思想体系31超国家主義』222頁）。また、「社会主義と言はず、個人主義と言はず、西洋唯物文明精神の本質に属する思想はその唯物精神の然らしむる処に従つて、だんだん聞いてゆくと、結局人間といふものは「胃袋と生殖器」だといふ事になつてしまふようだ。（中略）成程、人間は胃袋と生殖器に違ひない。さういふ言葉にはまことに耳聴けなくてはならん真理がある。然し、胃袋と生殖器である人間は同時に、頭脳と心臓であつた事を忘れてはならない」（『農本建国論』２３７頁）。蓑田の批判とは違い、橘も唯物性を批判的にみる人間であった。

ところで、伊藤野枝は「無政府の事実」で、以下のように述べている。

私共は、無政府主義の理想が、とうてい実現する事の出来ない、ただの空想だと云う非難を、どの方面からも聞いて来た。中央政府の手をまたねば、どんな自治も、完全に果たされるものでないと云う迷信に、みんながとりつかれている。

殊に、世間の物知り達よりはずっと聡明な、社会主義者中のある人々でさえも、無政府主義の「夢」を嘲笑っている。

しかし私は、それがけっして「夢」ではなく、私共の祖先から今日まで持ち伝えて来ている村々の、小さな「自治」の中に、その実現を見る事が出来ると信じていい事実を見出した。

いわゆる「文化」の恩沢を充分に受ける事の出来ない地方に、私は、権力も、支配も、命令もない、ただ人々の必要とする相互扶助の精神と、真の自由合意とによる社会生活を見た。

それは、中央政府の監督の下にある「行政」とはまるで別物で、まだ「行政機関」と云うむずかしいもののない昔、必要に迫られて起った相互扶助の組織が今日まで、所謂表向きの「行政」とは別々に存続して来たものに相違ない。（『伊藤野枝全集　下巻』464～465頁）

アナーキストとして有名なクロポトキンの『相互扶助論』や『田園・工場・仕事場』の中にスイスの農村などを引き合いに出して、相互扶助を論じる箇所がある。『相互扶助論』が大杉栄によって訳出されたことを思えば、その妻伊藤野枝が、無政府主義を故郷の漁村に見出した「無政府の事実」も、こうした思想的影響で誕生したものと推測できる。これを読むと先ほど紹介した権藤の思想との差はあまりないことがわかる。権藤成卿は大杉栄と親しく、内田良平が関東大震災の際に大杉が死んだことを喜んだことに憤り、内田と義絶している。一方、野枝の育ての親であり野枝と大杉の理解者でもあった代準介は頭山満に私淑した人物であり、「何かあったら頭山を頼れ」と二人に伝えていた。ここには右翼左翼といったイデオロギーによる分化は存在していない。

なお、先ほど、古き良き農村に帰るべき理想を見出した背景にクロポトキンの思想があると指摘したが、クロポトキンの影響を受けていたのは大杉、野枝、権藤、橘に限った話ではない。北一輝、幸徳秋水、柳田国男や影山正治にまで及んでいる。影山正治『一つの戦史』には「目下室伏高信の『日本論』を読んで居る。土を考へたクロポトキンを思ひ、彼の『相互扶助論』を見てゐる。／「階級闘争論」に立つマルキシズムによりも、僕は「相互扶助論」に立つアナーキズムにより深いものを覚える。それはクロポトキンがより東洋的、植物的、農民的である為かも解らない。僕はクロポトキンとのつながりに於て老荘をも考へて見たいと思つてゐる。しかし日本でないと云ふ点ではマルクスもクロポトキンも同様だ。僕は両者を越えた所に光を見たい。そこに光源日本を仰ぎたいのだ」（展転社版74頁、／は改行）という一節がある。この一節からも明らかなように、当時の日本人はクロポトキンのイデオロギーを受け入れたというより、資本主義にも共産主義にも満足し得ない精神を、クロポトキンを触媒に、古き良き農村共同体の復活に深化させていったのである。

無政府主義者でもあった石川三四郎は、以下のような一見奇妙な論理で平等を主張した。人間を一個の肉塊とみなせば、強健な人もあり、軟弱な人もあり、不平等である。翻って、王陽明の言う良知ともいうべき心霊を無限の価値とすれば、無限なのだから計量することなどできず、したがって平等であり自由なのだ（「虚無の霊光」『近代日本思想体系16　石川三四郎集』25頁要約）。

「心霊」を人の「感性」と捉えれば、教えられるところの多い思想である。人の感性は単純な比較をすることができない。したがって他者と単純に優劣を比較できず、併存することになるのである。感情・感性と欲望は異なる。感情・感性は社会に向かって開かれているが、欲望は自身に向かっている。小さな欲望に身を焼かれるよりも、感性に託す生き方に、人はあこがれを抱くものではないだろうか。

日本的社会主義の思想

日本的社会主義は国家を共同体と考え、「公共にとって何が最善か」「共同体の構成員に共通する善いこととは何か」を追求する。国家を一つの共同体とみなしそれが道徳的に一つのものとなるべきだという考えなので、弱者救済にも熱心である。ただしその弱者救済策とは弱者自身の権利というよりは、政府が共同体的国家の使命から弱者救済を行うことが善政なのだという見方である。共同体が重んじられるべきなのは、人は「独立した個人」と言った抽象的存在ではなく、歴史や伝統、文化、社会を背負った存在だからだ。

なぜ東洋における保守派は共同体的な国家観を持ったかと言えば、それは儒学の思想に求められるだろう。儒学は公共善を追求し、君主あるいは士大夫がそれを体現すべきだという学問だ。儒学には「平等」という概念は全くない。ただし「仁」の心を持つのが君子の条件とされて、弱い者を救うのは人の上に立つべき者の使命であると説かれるのである。あるいは国学も「もののあはれ」の感覚から他者への寛容と哀しみへの共感を重んじた。それぞれの思想は相いれないところがあったとしても、ともに共同体への思い入れを前提とした思想であった。

西郷隆盛が「敬天愛人」と言ったとき、大いなるものへの畏れと人間性への慈しみを語っていたに違いない。大いなるものへの畏れを抱くこともまた人間に備わった感情であり、共同体に裏打ちされた道徳の先に「天」がある。あるがままの心を見つめ、それを高めていこうとすれば、必ず共同性に行きつく。「道」とか「霊性」とか、人によって呼び方は違うが、はるか昔から人々が考え、後の世代に引き継いできた精神に触れざるを得ないのである。

第三節　日本的社会主義の起こりとその主張

初期社会主義の思想

山川均は「資本主義のからくり」という一文で、次のように述べている。

資本制度の下では、社会の全員を養う為めに、これとこれの品物がこれだけ必要であるから、これだけの生産機関と労働力とを振り向けて其の品物を生産するという訳ではなく、何等の計画も統一もない謂ゆる経済の無政府状態であつて、之を支配してゐるものは唯だ個々の資本家が最大の利益を収めようとする欲望である。（『近代日本思想体系19 山川均集』49頁）

これは、幸徳秋水が「個人的領有の結果は即ちいわゆる自由競争ならざるを得ず、自由競争の結果は、即ち経済界の無政府ならざるを得ず。（中略）夫れ唯だ個人の競争に一任す、生産力の増加し発達し、市場の拡大するに従つて、競争益々激烈に、世界の経済社会は全く無政府の状態に陥り、優勝劣敗、弱肉強食、具さに其惨を極めり」（『社会主義神髄』岩波文庫版25頁）

と言ったのと同じように、初期社会主義は国家主義的感覚で唱えられてきたということである。それは国家社会主義が社会主義的議論の先駆としてあったからではないかと考えている。戦前の日本は国家社会主義が盛んに唱えられた時代でもあった。その先駆は明治時代の陸羯南ら国粋主義の一団と、山路愛山などであった。

陸羯南、山路愛山らの国家社会主義

陸は競争による経済活動が国内を富者と貧者に二分化し、国家として一体化できなくなる状況を憂いていた。明治三十年には「国家的社会主義」という論説を七回にわたり『日本』に連載し、欧州やわが国での社会問題の状況を踏まえた上で、「吾が国家は自然の状態に放任する自由主義にあらずして、反つて人為的に不平等を増進せしむるをや」と現状を批判している。

陸は明治三十年代に突如社会問題に目覚めたわけではなく、政論を書き始めた当初から関心を持ち続けていた。『日本』の前身『東京電報』の創刊時の社説ですでに陸はこう述べている。

帝室の威徳、人民の福利は共に損傷するを容れず。政府宰相の職権も亦妄に制限し難し。国家と各人の関係を調理して相偏傾なからしむるは当局者の任なりと雖ども、国人

たる者亦た予め講究し之が計を為さゞるべからず。(「実業者の政治思想及び改題の主意」『陸羯南全集　第一巻』321頁)

ここでは民に権力を与えればよいというような「民主」的な楽観はいささかも感じられない。「国民の権利をどのように折り合いをつけるのかが政府「当局者の任」と言い切っている。その中で社会問題の発生はその折り合いを欠いた状態として陸の目に映り、それゆえ正されなくてはならなかった。「民主」だとか「人権」などというような西洋発の近代原理を陸は妄信しない。社会問題の解決の方向性としては、「最正の政治思想は学者の脳中より出づべしと雖ども、最強の政治思想は必ず実業者より起こる。何となれば政治の利弊を感ずること、最も深切にして且つ最も適実なるものは是れ実業者なればなり」(同前)と述べている。政府などと結びついた大商人が跋扈することは「実業者」の目線を欠いている、ということであろう。

陸が明治三十年に書いた「国家的社会主義」は足尾鉱毒問題に奔走する田中正造を擁護したばかりか、その国家構想が示されていてとても重要な論文だと考えている。長大な論説だが、以下に要約を掲載したい。

わが国では社会主義はもっぱら破壊主義と同一視され、忌み嫌われているが、それは誤解である。「国家」を重んじるということはややもすれば社会主義を実現していくことではないのか。

今議会に上がっている法案の中で社会主義的なものは一つや二つではない。産業組合法や農業銀行法、保険業取締法、警察監視法などは、小資本家小農業家に便宜を与えるものではないか。国家とは社会主義を実現するのに最高の機関なのである。良い社会主義は良く国家を保つのであり、国家的社会主義はそれを目指すものである。

歴史の原初においては国家はなかった。強者は無限の自由を持ち、弱者は無限の不自由の中で死んだ。その中で宗教が弱者を慰めていたが、学術が誕生し、宗教は力を失った。貧者は羨み恨むようになり、一方強者は貪りますます強大になり、権力を握った。こうして国家がその形式を現した。ギリシャやローマなどはこのころの国家主義の典型である。わが国の薩長藩閥は無能なるがゆえに理想なく、知らず知らずのうちに人心を腐敗せしめ、無道の階級を作り出した。

立憲政治は個人の自由とともに平等も認めなくてはならない。爵位あるものには財産を与え、財産あるものには爵位を与えるのは国家としての職分に背き、極端にいえば暴力的な社会主義を自ら招いている。人の能力はそれぞれ異なることが不平等の原因であるが、これを自然に放任すれば弱肉強食は平和裏に行われるだろう。何でも自然に放任するのは自由主義ではなく、人為的に不平等を促進しているのである。

国家的社会主義は国家が経済の弊害を救済する。国家の本分は治安を保つだけというのが自由主義だが、国家的社会主義はこれと相反する。藩閥の国家主義は軍人官吏貴族富豪の利権を保護するためにあるが、国家的社会主義は弱肉強食による敗者を救済するためにある。どうしてこれが破壊主義と言えようか。

国家的社会主義は共産主義や無政府主義とは違う。働かない者は報われないのは社会の連帯責任を説明するものであり、国家的社会主義の基礎はここにある。働いていない者に仕事をさせ、窮迫した民を安堵させるのは国家の義務である。

社会は相互に助け合うものである。未だこれに異論をはさむ者は見かけない。社会性の教育は国家がするべきである。個人の力が及びがたいものについては国家が後援すべきである。怠けていて働かない者は、国家は救済する義務はない。国家的社会主義は貧民救済をするときは親族などにゆだねる。社会にたいして国家が弱者救済のための干渉を行うことを容認するのが国家社会主義の本旨である。これにより破壊的社会主義の発動を抑えるのが目的である。

国家的社会主義は労使の治安を保つために登場した。ビスマルクの強制保険制度などは国家的社会主義が実現した例である。資本家と労働者の紛争を救済するのが任務である。貧民の増加は経済の進歩だとしてこれを放置することもできるが、それは国の治安を脅かすものである。後世の子孫にこの弊を残すのは不親切と言うべきだ。

今の欧州には流行病が二つある。労使問題と、政治家が得意げに言う武装平和である。武装平和は貧困の解決をますます困難にする。労使問題は植民地の拡張をもたらし武装平和の病勢を増加させる。藩閥政治家が階級を社会に作り、姦商に保護を与えれば、それは労使問題という流行病を招くものだ。軍備拡張を以て武装平和を東洋にもたらそうとしているがこれはますます社会主義の発動を正当にしている。

社会は放任すれば均整を保つことはできず、均整を失えば破壊が起こる。国家が何でも干渉すればいいというわけではないが、郵便、電信のごとくは国家が直接事業を行うべきであり、いかなる自由放任論者もこれを非難することはできない。大部分のことにおいては国家は万能ではないから干渉は間接的な形をとることが望ましい。

今鉱毒問題が起こっている。愁訴するのは社会の劣者、穀つぶしであるとする思想が政府にはあるが、これは社会の徳義を破壊するものである。貧弱の者は富者の言うままに鉱毒の害を受けねばならないのか。（足尾銅山の所有者である）古河市兵衛は国家に経済的に功がある、男爵に列すべきだ、という意見は悪逆非道なものだが、それは偶然ではない。伊藤（博文）の国家主義の系統の考え方なのである。銅と米ばかりみて人道を見ない。国家的社会主義は人道より生じたのであり、物質的経済理論とは相容れないのである。（『陸羯南全集　第五巻』５２０～５３０頁、筆者要約）

陸はこの論説で国家と社会を区別したところが注目される。ここでいう国家とは政府のことである。政府すなわち社会ではない。そのことを注意深く述べているように思う。政府の干渉も間接的な形を望んでいる点などは、その問題への陸の意識がうかがえる。政府の役割を評価しつつも、政府が国のあらゆる面に干渉する社会は幸せでないことを見抜いているのである。

時代は遡るが、明治二十三年の救貧法案に対し陸は反対の論陣を張っている。政府が社会に直接的に干渉することは政府の権力の増大にしかならないという懸念を持ったのであろう。あくまで陸の経済思想は「経世済民」の感覚である。陸は「国家的社会主義」の中で「本と仁者の熱脳より湧き出でたる主義に他ならず」としているのもその証である。陸は「国家的社会主義」で信用組合法（中小事業者に融資する機関を設ける、という内容）への支持を表明したうえで、中産階級以下の人々の経済的興隆を目指している。国家的社会主義はあくまでも全国民が活性化し、日本を興隆させるための手段であった。

武装平和を否定している点を不信に思うかもしれない。このとき陸は日清戦争後の軍拡で国民にまで福祉が行き渡らないことを強く批判している時期である。したがって「武装平和反対」とは「過度の軍拡反対」という程度の理解で問題ないだろう。現にこの時期をのぞいて陸が軍備を無用視したことはない。

陸は「国家的社会主義」において、社会主義者にありがちな階級分類を特に行っていない。むしろその主張は国家が格差是正を行うべき、というものである。「国家的社会主義」の中ではビスマルクについても触れているが、ビスマルク流に政府主導で格差是正を行い国家を発展させていくのが陸の「国家的社会主義」であろう。むしろ、進歩主義者の最終目標は政府を夜警国家にすることであり、「今の進歩主義者は自ら中等社会の代表者と称してかつて貴族僧侶の権力を剥奪し、以為らく、自由進歩主義は此に至りて行はれりと。特に知らず、爾に出づるものは爾に反へる、中等社会即ち地主工主財主の社会は将に労役社会の為に剥奪せられんとするを。所謂る国家社会主義なるものは是なり」（「原政」『陸羯南全集　第一巻』143～144頁）と階級闘争に対し非常に批判的な意見すら述べているのである。すなわち進歩主義者が自由競争の名のもとに権力の簒奪を正当化すれば、階級闘争を正当化し、さらに下層の階級に権力を簒奪される事態をも惹起することになるということだろう。

ここでの「国家社会主義」には階級闘争の概念を想定していて、自身が主張した「国家的社会主義」には階級闘争を入れていないところは注意すべき点である。あくまで陸の意見は国家が一体となるためのものであって、貧者が富者に闘争を仕掛けるなど一体感を損なうものとして拒絶の対象であっただろう。

陸は三宅雪嶺とともに足尾銅山鉱毒事件の解決を求める論陣も張っている。「国家的社会主義」の中にも「鉱毒事件は国家社会主義の為めに正しく好材料たるを得べし」とした上で、大資本が鉱業を興すことは生産性を増加させるという経済界の通説に対して、「唯だ銅と米とを見て、而して人道をば見ざるものなり」として物質生産量の良し悪しのみを判断基準とする経済学を拒絶した。明治三十年五月に鉱毒予防令がでると田中正造以外の多くの論客はひとまず満足のいく対策が取れたとして、鉱毒事件から手を引いていった。

陸もその例外ではなかった。ただしそれにより田中と陸の関係が完全に途絶えてしまったわけではない。その後再び鉱毒問題が活性化した明治三十四年には田中は鉱毒調査有志会を作っているが、その有志会の面々に鉱毒事件の解決に協力してもらえるように嘆願する文を陸に依頼しているのである。

鹿野正直の『日本の名著37巻陸羯南三宅雪嶺』の解説では、日清戦後陸が国家社会主義的要素を強め、また資本主義のためにふるい落とされた人々のために発言しようとしたとした後、「羯南は、それらの陽のあたらない人びとのために発言しようとしつづける。しかしそうしようとすればするほど、かれは、国家の権威への信仰を深くし、またその中心点としての天皇の仁慈を強調してゆくはめとなった」とした（54頁）。

鹿野は陸の国家社会主義的傾向に批判的だが、わたしは陸が「君民同治の美風」に基づいた独自の社会主義を訴えていたことは注目すべきことだと思う。明治三十年四月には社会問題研究会が発足し、陸羯南、三宅雪嶺、福本日南、樽井藤吉、幸徳秋水、片山潜らが参加した（坪内隆彦『維新と興亜に駆けた日本人』91頁）。この社会問題研究会は長く続かなかったようだが、社会主義と国粋主義が近かったことの証である。

他にも、明治三十五年には陸は「所謂労働問題」という論説を掲載している。そこでは社会問題熱が冷めようとしているが雇い主と労働者の対立は日本でも免れないとの見通しを述べた上で政党員の社会問題への考究を訴えた（『陸羯南全集』第七巻、386～387頁）。

明治三十八年には「日露の労働問題」という社説がある。わが国において労働者と資本家が激しく衝突するに至っていないのは貧富の差が甚だしくないことと一人の指揮者の下に運動することになれていないことを挙げている。日露戦において日本は勝ちを得ていくことで国民の一致を可能にし、労働問題は「社会の進遷」を促すが、露は負けることで「革命と密接し、帝室の安危」に関わることになっているとした（『陸羯南全集』第八巻、425～426頁）。

山路愛山は明治三十八年に発表した『社会主義管見』のなかで、国家を三階級に分類した。歴史は「国家と豪族と人民の三階級が（中略）或いは争闘し、或いは調和し、依つて以て共同生活の理想を実現せんとしつゝある動作の連続」であるとする（『明治文学全集』35巻山路愛山集、124頁）。

陸、山路両者の共通点としては、陸は「仁の政治」、愛山は「国家はひとつの家族」という儒学的な言い方で自分の政治思想を正当化したことである。両者とも西洋の動向に注目はしつつも、儒学的な有機国家の感覚を持ち、その言葉で政治思想を語っている。愛山は「尭舜の道も或は社会主義であると申しても差つかへない」とまで述べている（『明治文学全集』35巻山路愛山集、88頁）。

また、『日本』関係者で社会主義を訴えた論説としては、長沢別天には「社会主義一斑」（明治二十七年三月〜五月）がある。これは西洋社会の社会主義の流れを説明したものだが、社会主義を「破壊主義」とみなす見方に批判を加えている（『明治文学全集』37巻政教社文学集、353〜362頁）。

内藤湖南は「社会主義を執れ」（明治二十五年五月二日）で「社会主義は進歩の標準を表する者、孟軻氏が所謂王者の道、而して西人の実に人類共存の理想とする所なり」と述べている（同353〜362頁）。福本日南には「足尾銅山鉱毒事件」（明治三十年三月五日）がある。これは『日本』に掲載された論説であり、鉱毒事件の解決を政府の「処置」に期待しているものである（同262〜263頁）。

林癸未夫、大川周明の国家社会主義

国家社会主義は論者によって大きくその思い描く意味が異なる思想でもあった。例えば林癸未夫は『国家社会主義論策』で、国家社会主義は国家主義を経済上に適用するものとし、「重要諸産業を国有とし、営利主義と自由放任主義とを廃棄して、国家統制経済を確立すべき」だとした。そのうえで「無産階級運動たるべきものではなくして国民運動たるべきもの」であり、「いやしくも国家に忠実であり且資本主義の弊害を痛感する者は、階級や職業の如何を問はず国家社会主義者となってその実現に努力するのが当然であるとした」（57頁）。

　そんな林の主張に反論したのが蓑田胸喜である。蓑田は林を含めた国家社会主義者を批判しているが、それによれば、「国民生活の安定、農村問題の解決、国防の内政的充実を思ふ一念発起より現役在郷の皇軍将士が敏感なる政治的関心を以て国家社会問題を研究論議することはさもあるべきである」としたが、「金権政党政治の弊害もそれはその形式制度によりも、天皇統治の神聖感を減失させる『多数神聖』『憲政常道』『議会中心』の『民政』主義の不忠凶逆思想の所産」であり、国家社会主義もその延長であるとした（『蓑田胸喜全集　第四巻』749～772頁）。ちなみに林は権藤の思想を無政府主義であり、國體を破壊する思想だと批判している点では蓑田と共通している。

　大川周明は『国史読本』で、「日本を支配する邪まなる黄金の勢力を倒さねばならぬ。（中略）土地大名に代って起れる黄金大名が、天日を蔽う暗黒なる雲として、国民の頭上に最も不快に揺曳して居る」と論じている（大森美紀彦『日本政治思想研究　権藤成卿と大川周明』157～158頁）。大川は中学時代から幸徳秋水らの作る「平民新聞」の読者であった。しかし「平民新聞」の唱える日露戦争の非戦論には与しない考えを持っていたようである（大塚健洋『大川周明　ある復古革新主義者の思想』講談社学術文庫版40頁）。

　大川は社会主義を盲信した人物ではなく、「資本主義と社会主義とに共通する唯物主義を批判した」論客であった。資本主義も社会主義も物質的利害を人生最高のものと崇めている。

両者は人間を経済的存在と見做し、物質的幸福を人生の目的としている。社会問題を解決するためには、そうした唯物主義こそ放棄されなければならない。人間は単なる経済的存在ではなく、国家もまた経済社会以上の存在である道義国家にならなければならないと論じた（同153～154頁）。

ちなみに大川は、当時の学歴エリート同様に、若い頃は西洋的教養ばかり豊富で、日本やアジアに関する知識は後天的に獲得されたものであった。大川はキリストから法然・親鸞へ、マルクスから佐藤信淵へ、プラトンから横井小楠へ、エマソンから陸象山、王陽明へ、ダ・ヴィンチから岡倉天心へ移行したという（松本健一『大川周明』岩波現代文庫版76頁）。

松本健一は「左翼が社会主義を日本革命の思想とするには、どうしてもこのナショナリズムとの対決を思想的に果たさなければならなかった。だが、それをしたのは、左翼ではなかった。むしろ左翼からは右翼とみられる人物たちであった。

これらの人物たちは、いまその理想を述べているひまはないが、およそ三期に分かれる。第一期が樽井藤吉・陸羯南・山路愛山らであり、第二期が北一輝・高畠素之・大川周明らであり、第三期が津久井龍雄らである」（『思想としての右翼』55頁）という。

だが、これらの論客は社会主義を「日本革命の思想」にしたのだろうか。維新と革命を峻別する松本（同51頁）の発言だからこそ、疑問に思う。

この中で「日本革命」を志したのは北一輝くらいであり、残りの論客は「第二の維新」もしくは「維新の理想の完成」を目指したのである。

第四節　「天皇制」と共産党、講座派と労農派

社会主義における「国権」と「民権」の分離

今まで社会主義の定義及びその思想の内容を見てきたが、本節は少し趣向を変えてその運動史を概観したい。

そもそも自由民権運動は「国権」と「民権」を同時に唱えたところにその特徴があった。自由民権運動は「薩長の藩閥による政治ではなく、全日本が一つとならなければ国際競争の荒波を超えていけないではないか」という主張であった。こうした自由民権運動の流れを踏まえて、明治二十年代に国粋主義と社会主義が登場する。「国権」が国粋主義、「民権」が社会主義と言い換えてもよい。その思想の内容はこれまで、そしてこれからも見ていく通りである。

だが、表裏一体だったはずの「国権」と「民権」は時代が下るにつれて徐々に引きはがされていく。冷戦構造の誕生はその引きはがしに大きな影響を与えた。大正時代くらいまでは政府も消極的ながらも労働環境の向上は関心を持った問題であった。欧米の文明に追いつくことを目標としていたため、労働者の待遇と言った面でも徐々に向上させていく意識があっ

たが、大正時代ごろから共産主義への対抗という視点から冷淡になっていくのである。そんな中渋沢栄一は、「国家又は公共団体等に於て不急の事業を興し、失業せる労働者を此の方面に使役するようにすべき」（『失業と救済の近代史』１１３頁）、つまり国が公共事業を興すことで雇用を増やせ、と考えていたようである。渋沢は当時の財界人では珍しく弱者救済に熱心だったようであるが、公共事業でそれを賄うことを考えていたところを見ると、弱者救済の資本家が負担を強いられる事態を避けようと予防線を張っていたようにも邪推できる。

さて、「国権」と「民権」の引きはがしについて、一つの象徴的な出来事がある。大正十一年、第一次日本共産党の綱領を検討する席においてである。ソ連から日本共産党に送られてきた指令は、「天皇制の廃止」であった。いわゆる「22年テーゼ」である。その後出された悪名高き「32年テーゼ」と並んで、日本の共産主義史において外せない事項である。その両者において、堺利彦ら古参党員は皇室を打倒しろと言われることに迷惑がっていたと言われている。

谷沢永一の『「天皇制」という呼称を使うべきでない理由』によると、この「22年テーゼ」が示された際には、佐野学が国家権力と君主制の廃止を討議の対象としたい旨発言すると、堺が「いたずらに犠牲を多く出すことになるから」と難色を示したという。「この問題を討議するなら僕は退場する」とまで述べたという。この後関東大震災の影響と官憲の弾圧により第一次日本共産党はほとんど何もなさず解党する。第一次日本共産党の解党後、堺や山川、荒畑寒村などの古参党員は、各人紆余曲折ありながらも第二次日本共産党に参加しなかった。彼らは後に所謂労農派の主力となっていく。谷沢は言う。「堺利彦も山川均も成り行きで、日本共産党に入ったのだが、彼らを社会主義者たらしめている根幹の理論はすべてお手製であり、何処か他所で発生した聖典に拠るのではない。彼らは正真正銘 made in Japan の主義者である。ゆえに、日本の特殊事情を体得しており、ことさらに天皇制打倒を叫ぶ必要を認めていなかったのであろう」（122頁）。堺はあくまで「官憲の弾圧を招くから」と言った運動上の理屈から反対したのであって、思想的理由から反対したのではない。だがそれは調整役に回ることが多かった堺ならではの老獪さであり、本音は思想的にも距離があったのではないだろうか。

講座派と労農派の違い

堺や山川は共産党から離脱した後、いわゆる「労農派」という一群を率いることになる。労農派は明確な指導部等はなかったが、ソ連などから一方的に押し付けられる「指導」に従わなかった。当時の共産主義運動においては講座派の方が主流であり、労農派は傍流であった。講座派は「日本はブルジョア革命すら成し得ていない」と主張したが、労農派は明治維新をブルジョア革命と見なした。労農派はブルジョアジーに対抗するすべての社会層の結集を訴えていた。

労農派は、「天皇制打倒」を叫ばなかったので、戦前も命にかかわる弾圧は受けなかった。せいぜい書くものに伏字をされるくらいだった。しかしソ連が方針転換し、「反ファッショ人民戦線」を謳うと、労農派は自らの主張の正しさが認められたと諸手を挙げて歓迎した。皮肉にもそれにより官憲に一斉検挙されることになった。人民戦線事件である。この事件を機に、日本共産党に限定されていた検挙が、非共産党のマルキスト・社会主義者一般に及ぶようになったと言われる。良くも悪くも官憲の弾圧方針はわかりやすい。外国の政治勢力と同調すると検挙対象となったのである。

いま運動史を振り返ったのは、本稿における目的の一つを浮き彫りにするためである。その目的とは、社会主義を擁護することでもなければ、いわゆる労農系の社会主義運動を持ち上げるためでもない。時代が下るにつれて「国権」と「民権」が同居し、日本を盛り立てていこうとしていた精神が薄れ、社会主義、共産主義が冷戦の「東側陣営」化していく流れを振り返りたかったのである。共産党は日本を盛り立てていくための組織ではなく、ソ連の指示を実現しようとするだけの組織となってしまった。そこに国家的目線はもう伺えない。堺や山川らより後の時代の共産主義者にはわたしは何の魅力も感じない。彼らに対する批判は谷沢らによって言い尽くされている。例外的に興味を魅かれるのは、翻訳共産主義者の典型でありながら、共産党を放逐された後は柳田国男に学び、戦後は鯨漁法や浮世絵の研究などを遺した福本和夫、そして日本浪曼派に転じる浅野晃などであろうか。

労農派系のその後の社会主義政党の動きとして触れておくべきなのが社会大衆党の存在であろう。戦前の無産政党は長く離合集散を繰り返していたが、社会大衆党が結成されたことで無産政党の統一が実現した。

しかし、社会大衆党は陸軍統制派・革新官僚に迎合・接近していく。昭和九年の「陸軍パンフレット」を「広義国防論」（戦争協力とひきかえに国民の社会権の保障を求める主張）の観点から支持し、「資本主義打倒の社会改革において、軍隊と無産階級の合理的結合」が必要であると説いていた。社会大衆党書記長の麻生久は昭和九年には「日本の軍隊は天皇に直属し、ブルジョアの政治的支配から独立」しており、「兵卒の大部分が農村および都会の無産階級の子弟」であることから、「反資本主義的傾向を帯ぶる」。したがって「日本の軍隊は陛下の軍隊であって、資本家の軍隊ではない」とした（『無産政党と労農運動』２６０頁）。社会大衆党は二・二六事件直前の総選挙では18議席を得る躍進を遂げ、その後第三党に成長する。支那事変の際には、「國體の本義」を支持する新綱領を制定している。大政翼賛会が結成されるときにはどの政党よりも早く解党した。

このように国策に協力する姿勢を見せた社会大衆党だが、二・二六事件直後に発表された政策においては、「重要産業の国営化」「資本家への増税」「国民年金の制定」「中小企業向け金融機関の設立」など社会主義的政策を打ち出している。社会大衆党は国策に協力することでこうした社会主義的政策の実現を要求した。これらは近衛内閣における昭和研究会の訴えた政策でもあった。昭和研究会は支那事変を、日本が欧米に変って帝国主義的侵略をするのではなく、事変をきっかけに資本主義の営利的なあり方を超える必要性を訴えて支持していた。昭和研究会は矢部貞二、蝋山政道らと並んで三木清もその思想的中心にいた。

こういった政策は革新官僚によっても主張され、実行されていった。橋川文三は当時の革新官僚の一人として奥村喜和男の意見を紹介している。そこでは、「資本主義的自由法則は、今や、人類生活の全領域において、全く行きづまってしまった。営利活動の自由は独占資本の自由とはなったが、それはいたずらに労働者を苦しめ、中小商工業者を傷つけ、今や国家の発展的要求とも背反するに至った」という（『近代日本政治思想の諸相』295頁）。

話を戻して、昭和研究会の動きを鋭く批判した人物に平沼騏一郎や蓑田胸喜がいる。蓑田は「独裁主義政治体制や独善的民族主義の弊を排する点は筆者も同感」であるが、昭和研究会が「天皇親政・臣道実践」の君臣の大義を表明しない、と批判する。蓑田は「一君万民」と「万民輔翼」は「天皇親政」に対する従属的補足関係の表現なのであって、それを表明しない昭和研究会の「協同主義」は支持できるものではなかった（『蓑田胸喜全集　第四巻』85～132頁）。

余談ついでにもう一つ述べると、竹内洋によると、昭和研究会に参加した者は、戦後「平和問題談話会」を作り、『世界』等で革新的な言論をしていたという。戦前は昭和研究会に参加し、戦後は平和問題談話会に参加した人物としては、清水幾太郎、蝋山政道、笠信太郎らがいたようである（『革新幻想の戦後史』１０２頁）。

この時期の昭和研究会や新体制運動に彩られた時期の経済学を皇道経済学と呼ぶことがある。皇道経済学については第三章第四節で触れる。

戦後左翼に見る複雑な側面

社会大衆党の動きと軍部への接近、総力戦体制への貢献を見るとき、大正デモクラシーにより国民の政治意識が高まったことを背景に、生活向上の手段として政府による統制が唱えられたことがわかる。もちろん対外的な状況であるとか、様々な要因が影響を与えていることは言うまでもない。明治の国粋主義と自由民権運動が分かちがたいように、その関係は複雑である。

戦前の政界においては単純な冷戦構造はなかなか成立しなかった。本格的な冷戦構造の成立はやはり戦後を待たなくてはならない。社会大衆党の面々は戦後日本社会党を構成することになる。

余談ながら山川均は戦後、日本社会党で非武装中立論を唱えることになる。山川は日本社会党のブレーンとして、60年安保に際しては日米安保条約に反対する論陣を張っていた。その言い分は安保条約の改廃が「サンフランシスコ体制からわれわれを解放するという見地からではなくて『不平等条約』の問題としてのみ取りあげられている」というものであった。だがそれは一時的な措置としての非武装中立論であり、山川はソ連の脅威も認識していたとされる。一方社会党にありながら親ソの傾向が強い向坂逸郎ら「次の世代」は非武装中立論を日本が共産主義陣営に入るまでの手段と考えたと言われる。ここでも冷戦構造になじまないものを持っていた世代と、冷戦構造に頭まで使っていた世代の温度差がうかがえよう。

60年安保では岸内閣の日米安全保障条約改定に反対する大規模なデモが発生している。その過程で、羽田空港で、アイゼンハワー大統領訪日の日程を協議するため来日したジェイムズ・ハガティー大統領報道官が空港周辺に詰め掛けたデモ隊に迎えの車を包囲されて動けなくなり、アメリカ海兵隊のヘリコプターで救出されるという事件が発生した。ハガティーは「この人らは日本に対する忠誠心さえもない人たちである」とコメントした。

この発言に怒ったのがいわゆる左翼的アジア主義者の竹内好である。竹内は、「本心は日本を独立国と思っていないのではないか。彼が『日本に対する忠誠心』というとき、その本意は『アメリカに対する忠誠心』と重なっているのではないか」と述べた。当時の英米世論は概してデモ隊に批判的であった。イギリスの新聞は、「東京の狂信的な若者ども」は「かつて真珠湾をたたき、シンガポールで同胞をいためた狂信者の子供である」と評した。アメリカでは「リメンバー・パールハーバー」、「日本人は、戦前とちっとも変っていない」と言ったという（小熊英二『民主と愛国』540頁）。

これら英米世論やハガティーの人種差別的な反応には驚かされる。なるほど現代の目から見ればデモ隊がインターナショナルを歌っていたり、ソ連から金が出ていたことなど、その敵意はわからないでもない部分もある。だが、竹内好が喝破したように、英米には日本人を自分たちの言うことを聞いて当然という意識がありありと見える。竹内好が怒るのも当然だし、そこにはインターナショナル的な左翼思想に収まらない、いわば愛国的な側面も感じ取ることが出来よう。

戦後史を振り返ってみると、昭和二十年代までは、憲法改正の機運は実は強かった。当時の世論調査でも憲法改正に「賛成」が「反対」を大きく引き離していた。その機運が変わるのが昭和三十年代である。戦後復興が徐々に本格化する時代である。人々は「花より団子（竹内洋）」の風潮に染まりつつあった。憲法改正に「反対」が「賛成」を上回るのは昭和三十一年、岸内閣の頃である。その後の池田内閣では所得倍増が掲げられ、岸内閣にあった安全保障論議は棚上げされた。その前からすでに「もはや戦後ではない」などという標語が叫ばれるなど、「個人的な生活の豊かさ」にばかり目線が向いていた。当時の「進歩的」知識人はそれを自らの議論の勝利であるかのようにとらえ、「新憲法感覚の定着」だと寿いでいたが、その中で忘れられていったのは何も右派的議論だけではなく、左派的議論も徐々に退潮していくこととなった。

このような、池田内閣が成立した昭和三十五年（1960年）の頃の日本を、桶谷秀昭氏は「六〇年代の日本は、ふりかへつて茫然と困惑に陥るやうなものがあつた」（『昭和精神史　戦後編』文春文庫版409頁）と述べている。これは、政治の季節が終わり、政治で解決できなかった賃金格差などの問題が「経済成長」ですべて解決してしまったという困惑ではないだろうか。それは、「魂の空白状態」を憂い「生命尊重のみで魂は死んでもよいのか」と訴え立ち上がった三島由紀夫にまでつながっているのである。

第三章　國體観念と経済思想の関係

第一節　國體が政治・経済思想に与えた影響

一視同仁と一君万民

わが国には皇室を中心とした國體があり、それが政治・経済について考える際に大きな影響を与えている。國體観念を無視した政治・経済などあり得ないのではないだろうか。

明治維新はその当初から「王政復古」と「文明開化」の二つの方向性を持っていた。その意味で明治維新の二重性は維新以降の思想におけるあらゆる面で影響を与えたと言える。「王政復古」の理想は祭政一致であり、天皇親政であり、農本主義である。初期社会主義もこちらの文脈に入ると言えるだろう。一方「文明開化」の理想は議院内閣制であり、民主主義であり、市場社会である。それは時に協力し合い、時に激しく対立して日本の歴史を彩っている。

戦前よく言われた言葉に「一視同仁」という言葉がある。陸羯南の『日本』創設にかかわった人物でもあり、昭和天皇の侍講であったことでも知られる杉浦重剛は、『杉浦重剛座談』の中で、「帝王の学といふのも、其の極致は一視同仁といふことだらうと思ふ。随つて自分も余程公平に心を保ち、物を処することをしないと、一視同仁を教えまつることが出来ない」（岩波文庫版10頁）と述べている。一視同仁とは簡単に言ってしまえば公平であるということである。公平に国民を見ることこそ君徳の最たるものと認識したのである。天皇は国民を貴賎にかかわらず公平に見つめている。君は国民全体を見る視野を求められる。逆に国民は君に公平に見つめられているという恩恵を持って君を仰ぎ見るのである。こうした考えを「一君万民」と言い換えることもできる。こうした考えは國體論の中から生まれたのであった。

岩倉具視は明治十六年に憲法作成のために歴史書を作るべきだという建白書を書いている。この歴史書は『大政紀要』としてまとめられた。その建白書の内容を要約すれば、「国によって國體があり、それぞれ治め方が違うのは自然の道理である。わが国には帝位の継承、君民の関係、公私の法律、治民の政法など、さまざまな不文法と良き習慣がある。これらが國體を作っている。わが国は神武天皇が即位されてから連綿と続いてきた。その間に邪な心を持つ者も中にはいたが、そういう人間が権力を簒奪した外国と比べれば、その違いは明らかである。つまり上は位を汚さず、下は分限を守る。政体は確固として動かない。これこそ国民を治める道である。その先々には些細な弊害が起こるかもしれないが、これを激変させようとするのは、災いが深い。天智天皇が唐の政治を取り入れたり、明治維新で西洋の制度を取り入れたりしたときも、その弊害は予想外のところに生じ、國體を揺り動かすきっかけにもなったのである。日本の國體は他に例を見ないものであって、改正を行う際にむやみに外国の法律を入れれば、すべてが覆るような間違いが起こるだろう」としたのである。

この発言とともに、岩倉は「では日本の國體とは何か」という問いに答えるため『大政紀要』

の大著を書き上げる作業に入った。『大政紀要』はその完成をみずに岩倉が亡くなってしまったのだが、その後完成させられ、明治憲法作成に一役買っている。

その岩倉自身、大久保利通らとともに尊皇攘夷をかなぐり捨てて欧化政策に奔った政治家の代表格であった。それは岩倉のブレーンであった玉松操に「我不明にして奸悪に為に誤られたり」と罵られるほどであった。明治時代の政界は「欧化」と「国粋」で常に揺れ動いており、同じ人物の中に「欧化」の側面と「国粋」の側面が同居することも珍しくなかった。

明治憲法と日本の國體

明治憲法がプロイセンの憲法を参考にしたと言うことばかりが一概に強調されるが、実はこうして日本の國體を守りつつ、欧米のよいところを受け入れようと言う意思は民間は無論政府筋でも多かったのである。わたしは明治憲法よりも官僚制度の方に欧化の悪影響を感じるのだが、これについては本稿では論じない。日本の國體を守りつつ外国の良いところをも包摂しようという明治憲法の狙いはアメリカの圧力に屈して成立した「日本国憲法」史とは対極をなす。意外にも「保守系」とみなされている論客までが、「大日本帝国憲法もまた外国に押し付けられたものだ」云々と、大日本帝国憲法に否定的見解を述べている。しかしそれは間違っている。明治の人は外国の押し付けをありがたがるような気骨のない人はほとんどいない。中江兆民も後に西洋主義者を「灰殻連（ハイカラ連中、という意味）」と呼んで嫌った。わたしが多々批判した福沢諭吉もまた「開化先生」と呼んで西洋崇拝者を嫌っている。福沢は儒教に凝り固まった日本人を意識改革するために西洋をほめたのであり、決してそれ以上の効果は期待しなかったからだ。ましてや陸羯南などの国粋系論客に至っては今さら言うまでもなかろう。

岩倉の建白書を読むと国学の影響を感じる。岩倉の側近玉松操も国学者だが、「明治維新における国学の影響」というのは現代日本人には意外なほど強いのかもしれない。国学者は儒教を嫌いながら、儒教によって確立された考証学の手法を用い、論者によってまちまちではあるが外国の良いものはなんでも取り入れてよい、という主張の論客は多い。和魂漢才が和魂洋才に変わることで明治維新は達成された。和魂漢才は菅原道真の言葉とされているが、いずれにしても自国のぶれない軸を持つということが重んじられてきた。しかし、それは資本主義、共産主義の広まりとともに薄れてしまったかのように思える。

蓑田胸喜の思想

資本主義、共産主義の双方に強く反発した人物の一人に蓑田胸喜がいる。

蓑田は暉峻義等（労働科学研究所所長）と言う人物の「医学は単に病気を治すものと考える

べきものではなく、何らかの疾病を患った「人間」を治すべきものと考える必要があり、したがって医師は機械的に具合の悪い部分を直すだけでなく患者との心理的結合を重んじるべきである」（『蓑田胸喜全集　第四巻』７６２～７６５頁）と言う議論を引き、医療を国営化すれば治療行為の官僚化、機械化を招き、それはやがて物質主義的になり重大な弊害を招くとしている。その上で議論を共産主義一般にまで拡大し、全産業を国営化し、役人化、義務化する共産主義の弊害も大きいとした。確かに義務化、役人化することで形式的な関係になると言う批判は当たっているだろう。だがそれは国営化したときだけだろうか。国営化せず市場原理にゆだねたときもまた、ちがった形での物質化、形式化が進むのではないだろうか。現在のアメリカがよい例で、医療は商売化し、金銭に対する対価でしかなくなり、富裕層のみがその恩恵に享受できるということになるのである。蓑田も国営制度は「他人の不幸を生活の資として、その上に自己の生活を支へていく不都合」を除くのに役立つことは認めており、「医術及び医業における人格の復興」がもっとも重要な条件であると認めている。ここにときに「観念右翼」とも呼ばれる蓑田の思索の真骨頂がある。蓑田は手近な利益誘導や政府による資本主義の弊害の抑止ではなく、各人があるべき精神を深く自覚することによってしか社会はよくならない。手近な変革路線は弊害を増すだけだと考えるのである。

蓑田胸喜は反共で名高いが、資本主義の弊害は認識していた。しかし蓑田は資本主義の弊害を、容易に解決できる部分的国内問題に過ぎないと過小評価していた。本稿は蓑田論ではないのでごく簡単にまとめておきたい。例えば立花隆氏は『天皇と東大』で、蓑田を狂信的に赤狩りを行ったといった類の評価しかしていないが（下巻55頁等）、全くそういうものではない。片山杜秀氏が「彼らには彼らなりの批判の論理が一応あったのであり、その思想排撃の論説の中には、今日もなお読み込むに値するものがある」から、「どうして「戦時中の一時期の悪夢としか言いようのないもの」とまとめて片づけてしまうことができようか」。と言い、蓑田の思想をその師三井甲之とともに「天皇の存在する日本は何もせずともそのままでよい国のはずで、どこが悪いからいじろうとか、体制を変革しようとか、余計なことを考える必要はないということである」と評して、彼らが左翼だけではなく北一輝や大川周明、権藤成卿も激しく批判していることに注目している（『近代日本の右翼思想』93〜97頁）ように、蓑田は決して単に赤狩りをしていたわけではないし、東大への私怨によるものでもない。ただ、こともあろうに東大で反國體的教説がなされるとはけしからん、と思っていたことは確かだろう。

ちなみに片山氏は蓑田の思想を、「天皇の存在する日本はこのままで良い国だから体制を変革する必要はない」という考えだと単純化して述べている。たしかに蓑田は左右に関わらず体制を変革する思想を攻撃し、「マルクス主義である」と決め付けたが（蓑田にとっての「マルクス主義」とはカール・マルクスの思想と言うよりは現行の秩序を乱す思想の象徴であっただろう）、現状にまったく問題がないと思っていたわけでもない。蓑田は反共的であったが、いわゆる資本主義的な発想を擁護したわけでもないし、資本主義の進展により貧者が生活難に陥っている事態をよしとしたわけでもない。蓑田は言う。「筆者がかくいふ（＝国家社会主義批判の中で私有財産制度を廃止することの不可能性を説いた）のは、断じて『私有財産制度の神聖不可侵』を説かんとするものではない。かかる観念はことに日本の国法上には本来ないのである。帝国憲法第二十七条に曰く、『日本臣民ハ其ノ所有権ヲ侵サルルコトナシ公益ノ為必要ナル処分ハ法律ノ定ムル所ニヨル』」と。而して伊藤公『憲法義解』は右後に註していふ、『所有権ハ国権ニ服属シ法律ノ制限ヲ受ケサルヘカラス……無限ノ権ニ非サルナリ……各個人民ノ所有ハ各個ノ身体ト同ク国権ニ服属ノ義務ヲ負フ者ナルコトヲ認知スルニ足ル者ナリ』『公益ノ為ニ必要ナルトキハ各個人民ノ意向ニ反シテ其ノ資産ヲ収用シ以テ需要ニ応セシム此レ即チ全国統治ノ最高主権ニ根拠スル者ニシテ而シテ其ノ条則ノ制定ハ之ヲ法律ニ付シタリ』『普天之下莫非王土、率土之浜莫非王臣』――これ実に林氏らの希求せる『国家社会主義』の最高の理想的原理ではないか？　何を苦しんで西欧起源の『国家主義と社会主義の結合』といふ如きつぎはぎものを模索するの要あらん。われら日本国民は帝国憲法を遵守することによつて、資本主義または私有財産制度の弊害はこれを公然論議しまた合法的に改革し得るのである」（『蓑田胸喜全集　四巻』767～768頁）。蓑田のこの帝国憲法解釈は拡大解釈であろう。だがあえて帝国憲法に即して論じているところに蓑田の思想的特徴がよくあらわれているように思えてならない。

蓑田は近衛内閣における昭和研究会を共産主義的であると批判していたが、先ほど述べた、好意的に引用している暉峻義等も昭和研究会系の人物であり、自らの意見に合うものは認める人物であった。誰彼構わず共産主義者のレッテルを貼った人物であるかのように言われるのは間違っている。

「伝統」に込められた思い

「伝統は民族の持つ固有な巨大な資産」「伝統こそ民族の固有な着実な発展の基礎」（『工芸文化』岩波文庫版152頁）と言ったのは柳宗悦である。「真の創造は伝統への否定にあるのではない。伝統の肯定の上にこそ堅実な発展を求めねばならぬ。その精髄をますます活かし深めることこそ、吾々の任務ではないか」（同前）と言い、機械化や生産性の向上よりも伝統によって伝えられた製法を重んじた。

また、三島由紀夫は「反革命宣言」で「日本の文化・歴史・傳統」を護った上で、あらゆる共産主義に反対することを宣言した。その上で、この宣言を「われわれの反革命は、水際に敵を邀撃することであり、その水際は、日本の國土の水際ではなく、われわれ一人一人の日本人の魂の防波堤に在る。千萬人といへども我往かんの気概を以て、革命大衆の醜虜に當らなければならぬ。民衆の罵詈讒謗、嘲弄、挑発、をものともせず、彼らの蝕まれた日本精神を覚醒させるべく、一死以てこれに當らなければならぬ。／われわれは日本の美の傳統を體現する者である」と締めくくっている（『三島由紀夫評論全集』第三巻503頁。「／」は改行）。

三島の悲壮な決意を感じさせる文章であるが、それよりも三島があくまでも「日本の文化・歴史・傳統」の側に立った人物であり、「日本精神の覚醒」を目的としていたことは、もう一度考え直すきっかけを与えてくれるものだろう。現在はあの頃と違い日本が共産主義化する可能性はなくなったといってよい。しかし「日本の文化・歴史・傳統」や「日本精神」があの頃よりわれわれの身近な存在になったかといえば、必ずしもそうではない。共産主義化する脅威がなくなったのはあくまでも共産主義国家の自滅によるものであり、「日本精神」が勝利したわけではない。共産主義が抜けた空白は、「資本主義」という新たなイデオロギーにより満たされようとしている。より率直にいえば、「日本の文化・歴史・傳統」は資本主義によって根っこから腐らされつつある。影山正治は『大西郷の精神』で、「自由主義の気風や、共産主義の立前は、国民に節義廉恥の心を失はせる。士は己を知るもの、ために死すとか、丈夫の一諾金鉄の如しとか、かう言ふ精神はすべて旧道徳として冷笑否定され」、「互いに利を争つて義を忘れ」ることになると言う（104頁）。そうした武士道のみならず、人に対する思いやりや正義を追求する心もまた、資本主義によって冷笑否定される運命にある。共産主義と共に、資本主義への警戒心を薄れさせるべきではない。

権力者の立ち位置

日本の権力を握り続けてきたのは、いわゆる右翼でも左翼でもなかった。左右両翼の間で両者をうまく利用し、極論を排すると言いながら巧みに大衆の支持を取り付け自らの権力維持に努めてきたのであった。松本健一の言葉を借りるならば、「戦前も戦後もふくめた近代日本において、権力を握り続けたのは、右翼でも左翼でもなかった。もしそれらが一時でも権力を掌握していたなら、日本はよきにつけ、あしきにつけ、その思想的旗色を鮮明にしており、その結果、左右翼の思想的衝突が生み出されていたろう。（中略）極論すれば、近代日本における政治とは、左右両翼の間でバランスをとることだった。リベラルはときに極右を切り捨てつつ右側に寄り、時に極左を切り捨てつつ左側に同調して、権力を維持しつづけた。その平衡感覚を所有することによって、支配階級でありつづけた。かれらは左右両翼のはざまで権力を掌握しつづけ、文明開化の論理、いいかえれば近代化（資本主義化・中央集権化・脱亜化・合理主義化）をおしすすめた」（『思想としての右翼』5〜6頁）のであった。これを思うとき、ふと、戦後木戸幸一がハーバート・ノーマン、都留重人とともに戦争責任を近衛に擦り付け、自殺に追い込んだという鳥居民氏の『近衛文麿「黙」して死す―すりかえられた戦争責任―』及びこの鳥居氏の本を多く参照している大野芳氏の『無念なり　近衛文麿の戦い』のことを思いだした。彼らの主張の是非を論ずるだけの材料はわたしにはないが、このことに限らず多くの思想を抱くものが政府中枢に翻弄されてきた。

政治思想家と政治運動家

松本は日本近代の特徴のように言っているが、実のところ思想と権力の関係は、古今東西問わずそういうものかもしれない。だからと言っては何だが、わたしは政治家、政治運動家よりも政治思想家のほうに愛着を感じるし、そちらの側にいたいと思っている。もちろん、政治思想家と政治運動家は単純に分けられるものではない。同じ人物に運動家としての側面と思想家としての側面とがあることも珍しいことではない。だが、何より政治運動家は自分自身の主張を裏切るし、裏切っていることを恥ずかしいとも思わない。もともと現実世界は常に動いており、不変の思考などというものは存在しない。ただ、それにしても節度というものがありそうなものだ。だが、運動家になるとそういうことは考えなくなるらしい。政治家は運動家の最たるもので、政治家に何かを期待することは難しい。今に限ったことではなく、政治思想家はいつも政治運動家に裏切られてきた。思想家の理想など所詮実現できない夢に過ぎず、運動家に散々利用された揚句捨てられる存在なのだろうか。だとすれば思想家とは愛らしい存在ではないか。思想家もまた利用されずに済めばそのほうが良いだろう。だが思想家は自らの思うところを述べようとした時に運動家としての自己が付きまとう。多くの人に支持されたいと思ったときに、運動家の論理が忍び込むのである。運動家の心も悪いばかりではない。あえてわたしと違う意見の論客の発言の内共感する部分を引くと、本多勝一は「社会運動にせよ思想にせよ宗教にせよ、世界の歴史を根本的に変えてしまうような巨大なものから、村の小さな改革に至るまで、真に影響力を持った例の一番の始まりは、ほとんどかならず具体的な問題から出発している。生活の中の身近な問題と関連している。観念の遊戯から出発して民衆に真の影響力を持つに至った例は、絶対にとはいわぬまでも、少なくとも私は知らない」と言う（『ＮＨＫ受信料拒否の論理』、朝日文庫版11頁）。要するに思想家は運動家なしでは世を動かすことができない。思想家の関心事に世間は多く無関心だからだ。ただ、「世の中が動く」ということと、「良くなる」ということは必ずしも一致しない。人はものを考えて誰かに訴えるとき、必ず運動家の要素を帯びる。運動家としての自分と思想家としての自分の平衡感覚は常に問われている。その意識すらないものは、必ず自分自身に足元を掬われることになるだろう。

資本主義の正体

資本主義はいまやグローバル化を宣言し、国境を否定し始めた。文化は「非関税障壁」として否定される時代となった。政治は「経済成長」に毒され、経済は株価に踊らされている。

人々の自主的精神はなくなり、「資本の論理」に導かれる「当然の選択」を取らざるを得なくなっている。「成長」の明るい未来の為に、人々の「現在」を土足で踏みにじり、生きがいを奪い、「国民」を惨めな「賃労働者」に変貌させている。国産品で和食を作ることはほとんど不可能になったことを思うべきだ。

鎖国時代はそうではなかった。鎖国する前までは日本は海外から多くの輸入品を必要としていたが、鎖国によりそれらは国内で生産されるようになった。ペリーが来るころには「異国と交易しなくても困ることがない」と豪語するまでになっていた。それは外国人を追い払うためのはったりだったかもしれないし、「鎖国」はそもそも現代人が思うほど国を閉じてはいなかった。だが、生き残るために開国し、「文明開化」した結果、「持てる国」から「持たざる国」へ、「豊かな国」から「欠乏国」にその国民意識が変わってしまった。つまり、日本人の自意識は開国によって「必要なものは国内で自給できる国」から「必要なものすら国内で賄えない国」になったのである（川勝平太『鎖国と資本主義』２０６頁）。戦後に至っては、自給しようという意思すら少数派になってしまった。

民族国家に対しての冒瀆

野村秋介は以下のように述べている。長いが引用したい。

勿論、〈反共〉は我々にとっても極めて大切な課題である。しかし更に大切なことは、敗戦によって壊滅された〈祖国日本〉そのものの復興なのである。（中略）経済大国営利至上主義にうつつを抜かし続けた日本は、いまもって、敗戦で喪失した〈民族的魂〉の回復はなされていないのだ。〈反共〉に目がくらんで、〈日本〉そのものの復興をおろそかにしてはいなかったか、という慚愧の思いがなくてはおかしいというのである。／さらに営利至上主義は、日本的文化、ことに神道の母体である日本の〈山河〉を無定見に破壊した。日本人が、神州清潔の民とか東洋の君子国とか呼ばれる、特異な民族性をつちかい得たのは、一に山紫水明なる日本の〈山河〉あったればこそである。（中略）かかる状況を可能として来た大企業における決定的な罪過は、戦後三十余年間、『民族』を単に『マーケット』として見下して来たことだ。それは民族国家に対しての冒涜でなくて何であろう。（『友よ山河を滅ぼすなかれ』46頁、「／」は改行）

新自由主義やグローバリズムがいかに誤っているか、そしてその背後にある資本主義がいかなる欠陥を抱えておりそれを克服するにはどうすればよいのか、政策的に論じることも出来る。だがそれはわかりやすいが本質的議論ではない。いま経済発展により毒されようとしているのは、われわれの生き様の問題であり、美意識の問題であり、価値観の問題であるからだ。

戦後というこのブヨブヨの飽食の時代の中で、タラ腹食って肥満し、ガキの頃からやれ塾へ行けの一流大学に行けのと親にケツを叩かれ、成れの果てはサラリーマンか役人に仕立て上げられてだ、微々たる月給をもらってやれマイカーだ、やれマイホームだのと、汗水たらして稼いだ金を大企業・大資本にそっくり搾りとられて、これではまるで近代化された鶏舎にいるブロイラーと何ら変わりないではないか。（野村秋介『いま君に牙はあるか』２頁）

われわれは確かに「経済発展」することで数多くの便利なものを手にすることができた。だがその代償は思うより大きかったのではないか。経済発展の中で、山河と信仰と伝統に基づく日本精神は忘れ去られ、われわれは根なし草の人生を強いられている。「マーケット」は営利になるものだけを評価するのであって、それ以外のものは解体融解されていく。

利益以上の「価値」

三島由紀夫が闘うべきと考えた「水際」は、日本の国境ではなかった。敗戦を経ても、日本の国境はある程度守られた。もちろん沖縄や北方領土の問題はあるが、敗戦の衝撃よりは領土の喪失は少なかったと言えよう。もちろんこれは冷戦によるアメリカとソ連の牽制による結果であることは言うまでもない。だが「日本人の魂の防波堤」はどうだろうか。経済発展に毒されて、「魂の防波堤」はどこかに置き忘れてしまったのだろうか。経済成長のために社会が堕落したり、外国風に染まっていっているとしたら、それを妨げようとする感情を持ち合わせているだろうか。

わたしはあえて「利益よりも重んじるべき価値がある」と言いたい。利益は人を揺さぶらない。価値だけが本当に人を震撼させることができる。経済成長がもたらす「明るい未来」などかなぐり捨てて、われわれに与えられた今と言う刹那の時間を「日本精神」に真に同化させるべく精進したい。「『よりよき未來社會』を暗示するあらゆる思想とわれわれは尖鋭に對立する。なぜなら未來のための行動は、文化の成熟を否定し、傳統の高貴を否定し、かけがへのない現在をして、すべて革命の課程に化せしめるからである」（『三島由紀夫評論全集』第三巻501頁）。この言葉がすべてを言い尽くしている。三島のこの言葉は共産主義の脅威を前提に置いた言葉である。だが、資本主義も同様である。資本主義は「成長」や「発展」と言った「よりよい未来社会」を提示し、成熟や高貴さを軽視し、今を「イノベーション」や「カイカク」と言う名の「革命」の過程にすり替えていくのである。

第二節　人文優位と拝金蔑視、理想郷

保田與重郎の蓑田胸喜評価

保田與重郎の自叙伝と言える『日本浪曼派の時代』のなかに蓑田胸喜について触れている箇所がある。

有名な慶大教授の蓑田胸喜氏は、東大で哲学を専攻した学者だが、ある時私に、我々は経済学を学ばなかつてよかつたねといつた。経済学をやるやうな人間は、みな人ががいやしいと極言して嘆息された。そのころの東京大学経済学部の教授たちをながめて、この批評が当つてゐると、私は思つた。そののちの戦中戦後のその人々の世渡りぶりを見て、私の心は滅入つた。蓑田氏については私はよく知らないが、戦後にこの人を非難罵倒することによつて、自己弁護をしたやうな多数の進歩主義者の便乗家とはちがつて、私の印象では清潔な人物だつた。極めて頑迷固陋といはれたが、筋が通つてゐた。勿論日本浪曼派とは無関係な人である。ずゐ分困らされたといふ人がゐるときいたが、世間栄達に無関心なものなら、何も困る必要はない。世渡りの妥協を自他に顧ない人で、世

間の世渡りの思惑を無視する人があるものだ。困らされる人が、本当の学者なら、困るといつてはならぬ。文士とか政治家とは、みなさういふ超世間的のものだ。しかし世間なみの公務員や会社員の職をおびやかすやうなことには、よほどの思慮がなくてはならぬが、文士同志学者同志では、さういふ世俗の思慮は無用でよい。教授の職より学を愛することの出来る人なら、蓑田氏を怖れる必要がなかつた筈だ。権力地位より正論に謹んだ人で蓑田氏を怖れた例を私は知らない。（『保田與重郎全集』第三十六巻１９３頁。旧字体を新字体に改めた）

これほど蓑田を正面からまともに評した人を初めて見た。蓑田は己の主張に一本筋が通った人で、ときに論証が至らぬままに早急に結論を出しすぎていると感じる部分もあるが、それは文章を書くものなら誰でも陥る可能性のある範囲内であり、決して狂人扱いされるものではなかった。

ところで余談ながら蓑田、保田が経済学を学ぶ人間を評価していないことは興味深い。西尾幹二氏は「小林秀雄、福田恆存、竹山道雄が仏文、英文、独文の出身者であったように、仲小路彰は西洋哲学、大川周明はインド哲学、平泉澄は国史の出身という具合に、危機に臨んで、時代の課題にリアルに応えた思想家が戦前も戦後も人文科学の知性であったことは決して偶然ではない。人間の生き方を問い詰める思索を措いて、時代の政治に覚悟と決断を示すことなどできるはずがないからである」と書いている（『憂国のリアリズム』172頁）。「いま」を超えた何かをみつめる人文科学の思想の中に明日への力が宿っている。

実業と営利

中江兆民は議員辞職した晩年、実業界に乗り出し、失敗している。議員時代、自由党の一部が生活上の問題から政府に妥協するのを見て、生活問題を解決しなければ議会で真理を検討することなど不可能だと考えた。中江には「商売など誰でもできる」という思い込みがあった。兆民の実業活動は、政界に築いた人脈を基にした仲介屋のようなもので、群馬県の公娼設置に関してはわいろの授受に関係したとも言われる。兆民に取って商売は卑しいものであり、卑しい以上それを行う際には倫理意識が薄くなったのであろう。

陸羯南はその言論活動を行う中で、営利性も党派性も放棄すると言う実現困難な命題に立ち向かわなければならなかった。なぜそうしなければならなかったのか。それは、自己利益の為に発言しているのでもなければ、特定の政治勢力を支援するために書いているわけでもない。自分は日本の為に書いているのだ、という強い矜持があったからに他ならない。陸は、新聞記者は利益を得る手段ではなく「公職」であると説く。その上で「眼中に国家を置き自ら進んで其の犠牲になる覚期」が必要だとした。ある党派に属しその党派の勢力を広めるために言論活動を行うものを「機関新聞」、営利を得てそれを増進するために書くものを「営利新聞」と呼び、自らをそのどちらにも属さない「独立新聞」だとした。「独立新聞の頭上に在るものは唯だ道理のみ、唯だ其の信ずる所の道理のみ、唯だ国に対する公義心のみ」。己の信じる義、国に対して奉仕する心、それ以外の何物にも動かされてはならないのである（『陸羯南全集』第二巻、738頁）。

営利と社会性

和辻哲郎は「倫理」を個々人ではなく人と人との間柄において生まれるものだとした論客である。その和辻の「個と全体」に関する考察の着想はマルクスから得たとよく指摘される。和辻は、京大に着任した早々に河上肇に論争を挑まれたことによりマルクスについて学ばざるを得なくなった。和辻は決してマルクスを信奉したわけではなかったが、人間を社会的存在であると規定する部分では大いに学んだということができる。人間が社会的存在である、ということは和辻の倫理学の中心と言ってもよい。

そんな和辻には『続日本精神史研究』の一節として「現代日本と町人根性」という題の文章がある。「市民社会」に「打算社会」、「資本主義」に「町人根性」という言葉をあてた。和辻はこの論文で、日本の資本主義史をたどりつつ、明治以降日本は様々な企業家を育成しつつ国策に臨み、日露戦争までは国民的意気による祖国防衛の精神があったが、それ以降は「富国強兵のスローガンに身を隠した資本主義的欲望の発展に変質せられた」（『和辻哲郎全集第四巻』４４７頁）という。そのうえで「資本主義的文明への没頭が、かく国民的自覚を稀薄ならしめた」（同前）として、近頃物質文明に対し精神文化を解く動きがあり、それはもっともだが、明治の歴史が「直接資本主義文明に関係なき精神文化の研究のごときは、ほとんど顧みられないのも同様であった」（４４８頁）とし、「かほどまで精神文化を軽視してただひたすらに資本主義的なる利用厚生の学にのみ努めたことはなかった。日本自身においてもこれほど文化的努力を怠った時代は未曾有であると言ってよい」（同前）とした。「国民精神の喪失の危険は資本主義を打倒しようとする思想にではなくして、まさに資本主義の精神自身に存する」（４４９頁）のであって、「すなわち資本主義的精神はブルジョア精神であり、ブルジョア精神とはまさに「町人根性」である。今や日本は「町人根性」に支配せられているのである」（同前）とした。「町人根性」とは「営利を絶対目的」とし、「道徳・宗教・芸術・政治等はすべて相対的な価値をしか持たない」（４６９頁）ことである。今後の日本はこうした利益社会を否定し共同社会を自覚し、時に発露されてきた町人根性でない「人倫」を自覚に高めなければならない、と結論づけている（５０５頁）。

論点がわかりにくかったかもしれないので整理すると、幕末から日露戦争までは祖国防衛の必要から資本主義を育成する必要があったので、資本主義は愛国心と手を携えある程度機能した。しかし祖国防衛が達成されてしまうと、資本主義は資本主義自体の発展のために動くようになり、国民精神を喪失し、日本は利益社会となった。今後は利益社会を否定し、人倫を自覚することで共同社会に高めていく必要がある、というものだ。細かく見れば異論があるが、大筋で見ればわたしの主張と重なり合っていると言えるだろう。

ある意味戦後の冷戦期も、「共産圏から祖国を守る」という国民精神と、「より経済的に豊かになる」という資本主義が手を携えることができた時代であった。だが冷戦の終了とともに資本主義はそれ自体の発展に力を注ぎ、国民精神は忘れ去られ、グローバル化を志向し、政府に規制緩和や税制の優遇措置、構造改革などを要求した。その目的は営利しかなく、社会や文化の解体への危機感は薄い。

和辻が「町人根性」は「道徳・宗教・芸術・政治等」に対して、自らの役に立つときのみ関心を示すことを批判していることは興味深い。和辻は人文を軽視する人間として福沢諭吉を想定し、それを執拗に批判している。福沢は資本主義を体現した人物として理解されている。資本主義は人文を利用価値がある時だけ必要とする。役に立たなければ唾棄する。それは資本が自己増殖するときに役に立つときのみ人間を必要とし、役に立たなければ打ち捨てることへの暗喩である。

資本主義、計画経済の背景

資本主義の論理には耶蘇のプロテスタントの論理が大きく影響を与えている。アダム・スミスが『国富論』で描いた、各人が自己利益に従って行動すれば「神の見えざる手」が働いて利害関係は自然に調整されるという考えは、結局「人間は神の前では無力なのだから、人間が全体のことを考えたり人為的な調整をする必要はない」という世界観に基づくものだ。ここで思い出すのはウェーバーの『プロテスタンティズムの倫理と資本主義の精神』であろう。ウェーバーはプロテスタントの禁欲的な精神と、もともと神によって誰が救われるかは決定されているという考えが、天職に励んだ結果ならばその利潤は否定されるべきでないと思わせたことを論じているように、資本主義にはプロテスタントの神学が背景にある。

資本主義の論理とは逆に社会主義、共産主義が訴える計画経済は、経済を人間の理性で支配できるという考えからなっている。いわゆる保守主義者はこの対比を行ったうえで、保守派は人間の理性を過信しないとして計画経済を退けることがある。だが、実は資本主義も人間が自己利益に従って合理的に動くことを前提とした思想であり、充分人間の理性を過信した思想でもある。こういう「保守」の神学論争めいた議論はあまり好みではない。保守は極端を排するか、理性を信じないかなどどうかなどどうでもよい。むしろ自分の感覚、感性、こころ、義侠心が現実に起こり得る問題に対し、明確な答えをくれる。大事なのは自らの感性の淵源である過去の先人の思想に触れることで自らの感覚を鋭敏にすることではないか。あるいは自らの心に、利害では揺らがぬ芯を作り上げていくことではないだろうか。

伝統なき保守と、古臭い進歩と

既に一度引用した一節であるが、長山靖生氏は「『日本の私』をやりなおす」で次のように述べている。

それにしても、明治から今日に至るまで、日本の権力の中枢を指して、保守だの反動だの守旧だのと批判してきた言説の、なんと的外れだったことだろう。この国の中心に保守はない。あるのは、伝統も文化も重んじない、安易な改革主義だけだ。それを強行する人々は、時代の流れだの進歩だのグローバリズムなどというが、それは少しも新しくはない。なぜなら、そんなものはすぐに古びるからだ。

近代日本は、伝統を「古くさいもの」として切り捨ててきた。明治日本もそうだったし、戦後はますますその傾向が強まった。古いものの価値を認めず、文化を軽視するのは、なにも今どきの若者の特徴ではなく、近代日本の新伝統とさえいえる。だが、そうやって新しさばかりを追究するところに、本当の新しさはありえない。なぜなら、彼らの視野には「今」しかないからだ。来年になったら古くなる最新ファッションや、一〇年後には役立たずになる一〇年計画は、本当は「今」だって新しくはないのだ。そんなものよりは、一〇年後一〇〇年後になって懐かしまれ、惜しまれるもののほうが、ずっと本質的に新しいのである。だが、そのような未来を見据えた思考を、他人任せの「個」も、「個」的に責任を負わない行政システムも、欠いている。

『夜明け前』のラスト近くには、次のような言葉が刻まれている（以下、引用は岩波文庫版・下巻より）。

人々は進歩をはらんだ昨日の保守に疲れ、保守をはらんだ昨日の進歩にも疲れた。新しい日本を求める心はようやく多くの若者の胸にきざして来たが、しかし封建時代を葬ることばかりを知って、まだまことの維新の成就する日を望むこともできないような不幸な薄暗さがあたりを支配していた。

その後、三回の改元を経た平成十八年の今日、明治十九年と本質的に何か状況は変わったのだろうか。ただ一ついえることは、今では半蔵のような素朴で純粋な愛国者はますます生きにくいということであり、もはや彼を育んだような村は日本から失われてしまったということである。（185〜186頁）

「半蔵」とは島崎藤村の著書『夜明け前』の主人公、青山半蔵のことであり、彼は藤村の実の父がモデルとされている。半蔵は国学を学んだ尊皇論者であるが、維新を迎えて西洋化する日本に疑問を抱く。やがて改暦が施行され、旧暦は破棄される。半蔵は旧暦を土台にした「皇暦」を作るが、むなしく却下される。

長山氏は上記の意見を踏まえてこう言う。「そもそもの誤りは情のないシステムに全てを任せ、ますます依存を強めていこうとすることなのだ」と（184頁）。そして倫理的高潔さを維持するためにも、公的なことを国家に依存してはならない、と説く。このとき長山氏は国家を政府と同義語で使っている点でわたしには激しく異論があるのだが、しかしその指摘が非常に重要であることに変わりはない。

『夜明け前』は平田派の国学の物語でもある。平田派の国学とははるか古代に復古することで新しき日本が実現できると説いたものであった。ある意味、商売や搾取のない王と民しかいなかった時代に立ち返りそこからやり直すという発想は近代国家の発想とは遠い。『夜明け前』をプロレタリア文学であると荒俣弘氏が位置付けたのも理解できる（『プロレタリア文学はものすごい』168～189頁）。「資本主義的発想を退け、はるか古代に立ち返ることが未来を切り開くと考えることこそ『維新』である」という考えを排除してきたのも日本の近代史の一側面であった。

先ほど長山氏の著書から孫引きした『夜明け前』の引用部分は、そのあとこう続いている。「その間にあって、東山道工事中の鉄道幹線建設に対する政府の方針はにわかに東海道に改められ、私設鉄道の計画も各地に興り、時間と距離とを短縮する交通の変革は、あたかも押し寄せてくる世紀の洪水のように、各自の生活に浸ろうとしていた」（新潮文庫版331〜332頁）。交通の面でも復古とは程遠い形で資本主義の波が各自の生活を変えようとしていた。それを引き継いだ形で現代の体たらくがある。

結局現代の日本人は周りに依存して、「今」に固執し、未来に対する視座、そして自分の代だけでは到底なしえない大仕事を次代に引き継ごうという視座も失った。その結果非常に姑息に保身に走るのである。それが現代日本、いやもしかしたら近代国家共通の、「悪しき停滞」の原因かもしれない。

『夜明け前』の世界観から見た権藤成卿

この『夜明け前』に触れたとき、わたしは第二章第二節で触れた権藤成卿を思い出す。権藤は農本主義者だとか無政府主義者だとか言われるが、権藤は崎門学、国学の系譜に数えられるべき人物ではないか。権藤成卿の父、権藤直は崎門学者であり国学者であった。権藤成卿にもその影響が垣間見えることは『夜明け前』の世界観を踏まえることで見えてくるのではないか。

権藤は明治以降の政府をプロシアの影響によるものと断じ、政府を否定し社稷を主張した。権藤は「官治」と呼び、政府の上からの支配を嫌った。その上で「国民衣食住の安泰、男女の調和を永遠に保証」されれば、共産主義のような「凶猛危険なる思潮」も栄えることはない、と言う。「一郷一邑の自治を、其民衆生活の上に聚め、共存共済を以て、其福祉を斉うし、善く文明の利器を応用して、常に進歩一級を前め居れば、其秩序は何の危惧もなく保持される」と考えた（『自治民範』『権藤成卿著作集　第一巻』２０３頁）。権藤は古来国の統治には二種類あると言う。

一つは「生民の自治に任せ、王者は唯だ儀範を示して、之に善き感化を与ふる」もの、もう一つは「一切のことを王者自ら取り切って、万機を総理する」ものである（『権藤成卿著作集　第二巻』27頁）。権藤の統治論は儒学的影響を感じさせつつも、独特のものであることがわかる。商売や搾取のない時代からやり直す、という『夜明け前』の国学的世界観に近い。

また、権藤は王政復古の首唱者は崎門学者である竹内式部と山縣大弐であろうとしたうえで、彼らの言う王政復古とは上貴から堂上公卿全てが学を修め徳を磨き、皇祖皇宗の遺典を遵行すべきことにあるとした。しかしその王政復古の実行期に諸藩の力を借りたことで勤王は単なる名分となってしまったと説いている（『権藤成卿著作集　第四巻』１６０頁）。上古の風俗は「祭政一致」であるとし、この思想は支那の上古に社稷を重んじたのと全く一致しているとした（同２０４頁）。

先ほども述べたように、権藤は政府と社稷（≒社会）を峻別し、社稷のほうを擁護した。政府は社会の為に行動することもあるかもしれない。だがそうではなく政府自身の為に動くこともあり得る。そういう突き放した目で見ることも必要である。「「社会」もしくは「公共」の代りに、「国家」をもって来て、日本の官僚は平気で居る」（『権藤成卿著作集　第七巻』２９０頁）と権藤は不満を漏らしている。

第二章第二節でも触れたとおり、蓑田は権藤をマルクス主義者、無政府主義者と断じているが、その批判はあまり成立していないように思われる。むしろ権藤を否定するならば今の政府をプロシア的であると言い切ったところを否定すればよかったのではないかと思ってしまう。だが蓑田はそうしなかった。あくまでも現状を変革する思想はマルクス主義者だと言い切らなければならないと考えていたからではないだろうか。権藤は座談会で、「私は唯綺麗なものが欲しいのです」（『権藤成卿著作集　第三巻』１７４頁）と述べ、政党や官僚は無論、軍閥による強力政治すら否定した。五・一五事件のとき、橘孝三郎はあえて軍蜂起に加わらず、同志と変電所を破壊し東京を暗闇にするという計画を立てた。

本節で取り上げてきた人物は誰もみな拝金主義から遠い。そして資本主義を肯定する立場からも遠い。彼らのよりどころとした「何か」は人それぞれだが、しかし誰も金銭以上の価値を信じ、そこに日本の将来を託していた。そこから自らが理想とする社会を描いていったのである。

第三節　国粋主義者と社会主義者の関係を踏まえて

明治国粋主義の思想

明治二十一年に、初めて雑誌『日本人』に高島炭鉱における惨状が掲載され、注目を浴びた。『日本人』は三宅雪嶺らによる雑誌で、国粋主義を標榜していた。この高島炭鉱は、三菱財閥の創業者岩崎弥太郎が「九十九商会」という廻船会社を譲り渡した後の最初の事業であり、すなわち「三菱」の名を冠した多角経営の最初の事業の一つであった。後藤象二郎が政府から安価で払い下げを受けたものを買い取ったのである。創刊してすぐこのような資本主義の問題に切り込んだのは、藩閥政府を攻撃する材料になると思ったからだけではない。

三宅雪嶺は「欧米の奴隷は異邦人よりなりしが、奴隷禁止の我が国において、同邦人、同種族を奴隷とするものあるは、そも何の怪事ぞや」（『日本の名著37陸羯南・三宅雪嶺』４４４頁）と言う。つまり日本は欧米と違い奴隷は禁止している美風があるにもかかわらず、同国民を奴隷視していることを疑問としたのである。同じ国民ならば皆同胞であり、共に日本の興隆に貢献すべき同志である、というのが国粋主義の本旨である。『日本人』の報道を受けて当時朝野新聞にいた犬養毅が高島炭鉱について報じるなど、社会的にも大きな注目を集めた。

国粋論者が、日本社会をより強靭にするために社会問題の解決を訴えていたころ、国粋主義者と社会主義者は比較的懇意な関係にあった。いくらでも事例を挙げることはできるが、例えば陸が田中正造のために論説「国家的社会主義」を書いており、両者の国家観の近さを物語っている。人民の窮乏や村落の荒廃を放置しておいて国家社会の公益を語ることなどできない。そんな信念の強さも両者の共通点である。

田中正造は明治三十七年の三宅雪嶺宛の書簡で陸の体調を気遣ったことがあった。「今朝漸く陸君ヲ訪ふ。氏帰国ノコトヲ昨今耳ニして行ケリ。氏は昨夜三更迄酒ヲ呑ンデ頭痛シテ逢フ能ハズト。嗚呼氏ガ不平千万ハ僅ニ酒ヲ以テ慰ムルカ。予等ハ氏ノ健康ヲ祈ルモノナリ」（『田中正造全集』第十六巻１６５頁）。ここに田中正造の陸への思いを見て取ることができる。この書簡は陸の死期が迫りつつある時期のことであるから、読んでいてなかなか感慨深いものがある。

ちなみに陸は経済論説の比重が年月を経るにつれ高まっていった人物である。政治思想的には陸は初期農本主義に分類される谷干城の影響を受けており、経済論説の数が多くなってきたころは谷とともに地主層の代弁者的役割を果たしていた。しかしそれにとどまらずより下層の人にも目を向けていた。努力した人が成功するのは当然と考えていたようだが、一方で政治の使命は民を救うことであるという思いもあったようである。

さかのぼれば陸は三宅雪嶺らとともに高島炭鉱における労働者の苦境を糾弾する論陣を

張っている。『日本』の前身『東京電報』では後に「佳人の奇遇」を書く東海散士（柴四朗）に高島炭鉱の実態を報道させ、高島炭鉱での過酷な労働条件や惨状を明らかにした。わたしが見た限りでは労働者に強い同情を持っているが比較的冷静な筆致で書かれているように思えた。この立場はその後も継続されており、田中正造の足尾鉱毒糾弾にも共感し紙面を割いている。上記のように陸は初期農本主義（地主など比較的裕福な農民の立場に立った思想）に分類されうる人材であるが、昭和期の権藤成卿や橘孝三郎などの後期農本主義（小作人など貧しい農民の立場）につながる面も持っていた。それは高島炭鉱が三菱、足尾銅山が古河というように、藩閥と結びついた財閥との闘いでもあった。そもそも日本において農本主義は自由民権運動から始まっている。徳富蘇峰が「田舎紳士」に期待していたように、自由民権運動というのは一部の暴動を除いて地主層が主役であり、それゆえいわゆる現在の左翼のような思想は持たず、むしろ外交的には強硬派だった。

『日本』には幸徳秋水の著書紹介や社会民主党の演説会開催の広告などもたびたび掲載されている。また、第一章第二節で触れたように、山路愛山が陸は社会主義に非常に興味を持っていた旨回想している。

田中正造を中心とした足尾鉱毒事件は、明治三十年には、明治天皇も憂慮される事態となり、内大臣徳大寺実則を通じて群馬・栃木・埼玉・茨城の四県知事に鉱毒被害を調査するよう通知している。これは宮中に、佐々木高行などの藩閥と一線を画し、国粋主義グループと人脈的にも思想的にも近しい一群がいたためである。鉱毒事件の糾弾は、反藩閥政府のオールスターと化すほどの一大運動に発展した。谷干城、三宅雪嶺、陸羯南、近衛篤麿、頭山満、幸徳秋水、片山潜など、その立場は左右を超えたものであった。

横山源之助『日本の下層社会』

明治三十二年には横山源之助によって『日本の下層社会』という本が書かれている。そこでは出来高により賃金が決められることや皆勤の賞与、欠勤による減俸といった賃金形態が詳細に解説されたあと、こう語られている。

二、三の賞与を定むるは時に好方便たることあるべし。しかれども賃銀を低廉にして特に賞与の陥穽を設け、徒に労働を貪らんとするが如きは、あまりに人間をオモチャにする者、かくの如きはすべからく排斥せざるべからざるなり。(岩波文庫版203頁)

現代で言えば歩合制の給与にして体を壊すほどにむやみに働かせたり、もしくは実現不可能に近いノルマを設定されてそれに向けて労働させられたりするといった、人を小馬鹿にしたようなことは「仁」「義」に反するとして明治人の多くが忌み嫌ったことであった。心有る士が言論の場でそれを告発した。

言論は現代よりはるかに力を持っていた。明治人を形作ったのは少なくとも前半から中盤にかけては西洋思想ではない。江戸時代にはほとんど発禁状態にあった儒書、つまり孟子や陽明学の本などである。「仁」「義」のために彼らは訴えた。

彼らは皇室に敬意を抱いている人間がほとんどであった。なぜならこのような惨況に皇室が何ら無関係なことを熟知していたからだ。むやみに欧化し重商政策をとり薩長系の人間に財界も牛耳らせた藩閥政府が原因であることを知っていたからだ。むしろ一君万民を究極の理想としていたのではないだろうか。皇室は国民対等の証である。もっとも、貧困告発の中で皇室の名をみだりに出さない節操も持ち合わせていた。横山源之助『日本の下層社会』の中にも皇室に関する言及はない。

欧米に対する警戒心と、日本を盛り立てていこうという志を感じる部分はある。同じく横山源之助の『内地雑居後之日本』では、日清戦争後、内地雑居を認めることにより欧米の事業者が日本に進出してくることに警戒感を示し、「欧米人は利害の観念極めて強く、権利の思想極めて高し、むしろ彼等欧米人は営利に凝り固まりたる拝金奴なり、故に彼らは我が資本家のごとくアマッチョロイ者にあらずして、事業の前には人情なく、涙なく、欲しいままに其の位置を利用して巨額の利を貪る、其の上に彼らは異人種なることを忘るべからず」（岩波文庫版16頁、新字体に改めた）と述べている。

ちなみに貧困を言論の場で告発した草分けの一人に櫻田文吾という男がいる。この男を貧民窟（「スラム」）に派遣し記事を書かせた人こそ陸羯南であった。櫻田文吾が「貧天地」を『日本』に連載したのは明治二十三年、日本資本主義にとって初の恐慌のあった年である。

社会主義の撲滅は可能か

社会主義を危険思想と見做す人は多いが、社会主義を撲滅することはできるだろうか。いや、絶対にできない、と言ったのは里見岸雄であった。「一方の人は働かずに資本を以て、他方の人を働かせその果実を享楽して生きてゐる事実の存する限り、又これに不正を感ずる人間がゐる限り、決して滅び得ない思想である」と言う（『天皇とプロレタリア』１７６〜１７７頁）。世の中の浅薄な御用学者はマルキストを唯物的だと言うが、ブルジョアこそ唯物的、利己的の甚だしいものだと言う（１８９頁）。社会や国家は「共存共栄」と言うけれども、実際は共存片栄ではないか。「日本の為政者は、ただの一度でも、多くの国民を、この生活苦からほんたうに救はねばならぬと考へた事があるか。陛下の尊きおほみたからを、無残なる生活苦の中に沈吟させておいては至尊に対し奉りても申訳がないといふ人間らしい懺悔をしたことがあるか」（同70頁）と問う。「我が國體こそは、実に、吾々国民の日常の生活そのもののなかにある」からである（同11頁）。皇室は、臣民をおほみたからと言って国家経営の当事者として尊重したが、奴隷視したことはない（『国体に対する疑惑』展転社版12頁）。日本國體の道とは抽象的な観念論ではなく、人間の生活そのものに根差した共存共栄の道だからだ（同75頁）。したがって、資本家や地主を憎むあまり皇室に対しても成心をさしはさむような運動にも与しないのである（同169～170頁）。

里見はフランス革命を「民衆の実際から希望されたこと」だと述べたり（『國體認識学』87頁）、津田左右吉の史論を無批判に使用し、神代史を「観念的存在」であるとみなすなど（同207頁）、軽率ともとられかねない発言をしている。もっとも、神代史のほうは観念であることを前提にその観念を肯定する意図を持っているようだ。

社会主義と国粋主義の関係

他にも中江兆民と頭山満の関係など、社会主義と国粋主義の関係は探せばきりがない。中江と頭山の関係でいえば、松本健一が「玄洋社員で、頭山の黙認のもとに大隈重信に爆弾を投じた来島恒喜が、兆民の仏学塾の出身であることや、仏学塾の出身者で、兆民のもっとも可愛がった小山久之助が、内田良平の黒龍会の会員であることからもわかるように、頭山満と中江兆民は決して右と左というふうに、対極に位置してはいなかった」（『思想としての右翼』12頁）と言うように、もともと国権と民権は遠いものではなかった。

小林よしのりも、『大東亜論』で「後から付けられたレッテルで、彼は右、彼は左と、人を振り分け、『右と左が交流できるわけがないから、これは無思想だったのだ』と決めつけるような単純な分析は意味がない。中江兆民も頭山満も『民権』論者であり『国権』論者だ。ナショナリズムは両者とも強い。戦後、ＧＨＱや学者が、ルソーを日本に紹介したから中江は『左翼』としただけである」（「巨傑誕生篇」１１３頁）と述べている。

右翼と左翼なんてものは後世の人間がいい加減に付けた区分であり、お互いの主張に通じ合うものがあればいくらでも連帯したのである。「右翼」とか「左翼」、あるいは「○○主義」という区分は常にそういう危険性をはらんでいる。

ただし付け加えるならば、そういう危険性はあっても主義の区分の必要性は失われないということだ。なぜなら当時においてもすでに主義の区分は行われていたし、「○○主義」という名称を聞いて人々が思い浮かべるであろう印象を想定して論者本人が自称する場合もあるからだ。つまり主義とは理想像であると同時に現実を動かす牽引力でもある。そうした現実を動かすことを期待する場合もあり、右翼、左翼、○○主義という名称を呼ばなくすることはかえってそれをわからなくさせる危険がある。三宅などの「国粋主義」は明らかにそれまでの日本を「欧化主義」と断じたうえで、それに対する抵抗の意図があっただろう。大事なのは「○○主義」という区分をやめることではなく、できるだけ論者本人の主張を参照することではないだろうか。

余談ついでにもう一つ述べさせていただくと、「右翼」と「左翼」もそうだが、「革新右翼」と「観念右翼」、あるいは今回の連載には出てこないが陸軍の「皇道派」と「統制派」、海軍の「艦隊派」と「条約派」などと言った区分は当時から呼ばれていた区分であるが、有効なのだろうか。

例えば「革新右翼」は国家の経済統制を行うことで理想の国家を実現しようとし、「観念右翼」は國體の明徴によって理想の国家を実現しようとする。「革新右翼」の代表は北一輝や大川周明、権藤成卿、橘孝三郎などがそれにあたるだろう。「観念右翼」の代表は蓑田胸喜で、その師三井甲之や筧克彦、平泉澄あたりもこちらに区分されるだろう。

しかしその区分はあいまいで、例えば北一輝と大川周明や権藤成卿の思想は異なるし、平泉澄は一応「観念右翼」の側に入れたが、二・二六事件においての動きなど見てもどちらとも取れる。「右翼」と「左翼」、「革新右翼」と「観念右翼」、「皇道派」と「統制派」、「艦隊派」と「条約派」などは、当時もそうみなされていたのだが、それは政党間の争いのようなもの、あるいはひどいものになると暴力団の抗争のようにとらえると間違ってしまう。あくまでも大雑把に区分すればこう分類できる、といった程度のものであり、それ以上でもそれ以下でもない。

右翼とか国粋主義者とか自称他称された人、もしくはその源流と言われた人を思い浮かべてみると、西郷隆盛、頭山満、内田良平、陸羯南、三宅雪嶺、権藤成卿、北一輝、大川周明、華津珍彦、野村秋介、三島由紀夫といった人物が挙げられるが、一人として資本主義者がいない。それはなぜだろうか。思うに天皇という存在が資本主義と無縁な存在だからではないか。天皇は他国の君主とは違う。他国の君主は大地主、大金持ち、侵略者およびその子孫である。皇室はそうではない。日本神話と直結している。神道や仏教といった日本人の信仰と深く結び付いている。だから天皇を思うとき、「カネでは買えない価値」を思うことができる。

大義がなくなった政治

政治に大義がなくなったと言われる。護るべき国家が念頭になく、ただ経済成長などを追い求め、政治が経済に従属している、と。その通りである。政治家の仕事はただ諸業界にある利害関係の調整に過ぎない。「夜警国家」と言われ、そもそも政府があまり存在感を示さないほうがよいとすらいわれる。政府が存在感を示す時代は戦争の時代など、常に危機の時代だからだ。あるいは利害関係の調整をしてくれるならまだよい。それを「過剰規制」だとか「護送船団」と称しそれすらも市場に投げつけてしまうことすら正当化する一群も現れた。言うまでもなく新自由主義者のことである。

別にわが国に限ったことではなく、権力は権力のために動くのであって、権力は大義のために動くわけではない。近代国家に限ったことではなく、古代においても大義は権力の正当化の材料でこそあれ、大義のために権力者が動く世の中などこの世にほとんど現れなかった。「市民が立ち上がって腐敗した貴族階級を倒した」とされた革命も、結局は中流貴族が上流貴族をギロチンにかけて自らが権力を握ったに過ぎなかったし、「労働者が独裁者を倒し平等な国を作る」とされた革命も外国からカネをもらった党員が独裁権力体制を作ったにすぎなかった。これほどわかりやすい例でなくても、得てして権力は権力そのもののため、権力の維持のため、権力の奪取のために動く。結果的に民のためになったとしても、それはあくまで結果論に過ぎない。

では大義に存在価値はないのか。あくまで権力の補強材料でしかないのか。国家主義否定論はえてして大義をその程度の存在に矮小化して、国を重んじる心を不必要だと言い放つ。だが大義は権力者に報復する。護るべき大義を見失った権力、あるいは自らその大義を裏切った権力は早晩滅び去る運命となる。一時的に軍事力など、さらに露骨な権力で「大義の報復」を叩き潰す例は枚挙にいとまがない。しかし結局は大義を見失えばそれも長続きしない。これはどんな政体も変わらない。

そもそも大義は政治家のものでも権力者のものでもない。大義は思想家のものであり、それを信じる人のものである。

基本的に、市場に大義はない。そこにあるのは欲望と利害関係と損得勘定だけである。これらを超えて何かを成し遂げる力が大義なのだから、大義は本質的に市場と相いれない。いわゆる右翼だろうと左翼だろうとこれは同じことである。

大義がなくなった世界を想像してみよう。

そこには露骨な権力の押しつけがあるだけである。それは政府の横暴かもしれないし、市場の勝者（＝富裕層）の専横かもしれない。何もかもが売買の価値があるかないか、税金がとれるか取れないかで決まる世の中である。血液や内臓を売ろうとも自由であり、人を殺そうとも上納金を多く支払えば罪が軽くなるかもしれない。賄賂を贈りそれに対して便宜をはかる行為すら「サービスを買っているにすぎない」と正当化される時代がくるかもしれない。あるいはそのような正当化すらされず、当然のようにそれが行われるかもしれない。「私はいかに生きるか」ということは「いかなる職業に就けばお金持ちになれるか」ということでしかなく、「私は何を信じるか」といったことは省みられなくなる。これはもうすでに起こっていることかもしれない。

「経世済民」の喪失

そういえば「経済」という言葉さえも「経世済民」とか「経国済民」の略で、要するに人々をいかに弱肉強食の救いがたき世の中から救うか、いかに世を治め民を救うか、という大義の言葉であったのに、それをあろうことか弱肉強食を肯定する言説の中で使われようとは、

「驚天動地」と言ったら大げさだろうが、「本末転倒」とは言えるだろう。「大きな政府」「小さな政府」と言った議論があるが、それは二次的なものであって、根本的に政府が何を目的として、どういう機能を発揮するかが大事なのである。

こうした長期的思想性がなく、ただ行きあたりばっかりに社会を変えるんだ変えるんだと言って破壊し続けてきたのが現代日本の政治であり経済であった。

上記のような惨状から立ち直る、あるいは惨状を予防する力があるのは大義しかない。人の心だけが権力を上回る力を持つ。いかに権力者が圧迫しようとも、物質的生活を追い詰めることはできても、心までは思うようにできないからだ。人がその社会に対して貢献することに使命感を持つ。このこと自体素晴らしいことだ。ただしその使命が人によって違ったりするために、時に悲惨なののしり合いや殺し合いが起こり、あるいは権力者に付け入られたりすることもある。

弱肉強食のはびこる救いようのない世界に倦んでいる。しかし、そうした弱肉強食の世界から逃れた「つながり」などどこにもない。

親子も夫婦も「カネの切れ目が縁の切れ目」だと認めたくなくとも、もう現実世界はその域にまで達していると言うべきであろう。親などの家族は学問を功利的動機のために行うことを期待する。学問は給料の良い会社等に入ってもらうためのものであって、決してそれ以上ではない。家族は、己を錬磨するような学問を行うことを期待しないし、あらゆる手段でそれを行わないよう妨害するものである。さらには、人が学問しているにもかかわらずカネを稼げない存在だとわかった瞬間、人をごくつぶしとしか見なさなくなる。

「浮世の沙汰も金次第」と言うが、家族の縁もカネ次第である。嘘だと思うなら無職になってみるがよい。家族がどういう態度を取るか、わかるはずだ。「家族なのだから助けてくれるはずだ」と薄甘い期待を抱くのは、大きな間違いであったことに気付くはずだ。

そんな救いようのない世界に対抗する最後の砦は己の心である。自らの心の声だけが弱肉強食の世界を切り裂く天の声になりうるのだ。

第四節　皇道経済学とは何か

皇道経済学の理想

皇道経済学とは戦前昭和に唱えられた経済学のことで、資本主義でも共産主義でもなく、日本の特殊性に立脚した経済思想を研究した学問のことである。

ただし、皇道経済学は論者によってその重んじるところに大きな差があり、一つの体系だった学問と言う段階にまでは至っていないというのが実情であろう。西洋の全体主義の動きに呼応した時局的な議論もあれば、伝統に立脚したもの、信仰に基づくもの、儒学的教養に裏づけられるものなどその発想の根拠は多様である。

坪内隆彦氏は「忘却された経済学―皇道経済論は資本主義を超克できるか―」という論文を書いている。この論文は「新日本学」平成二十三年春号で発表されたものである。坪内氏は皇道経済学の特徴を次の五つに求めている。

（一）肇国の理想と家族的共同体

皇道経済学では国民を大御宝と見なし、国民の安寧が肇国の理想であったとする。我が国の社会は国民共同体であり、その共同性は天皇によって体現される。明治維新の根本精神は、国民共同体の回復にあり、五箇条の御誓文においても「上下心ヲ一ニシテ盛ニ経綸ヲ行フヘシ」「官武一途庶民ニ至ル迄各其志ヲ遂ケ人心ヲシテ倦マサラシメン事ヲ要ス」と国民共同体実現のための方策が謳われていた。しかし資本主義の進展によりその共同性は失われていった。それを取り戻さねばならないとするものだ。

（二）神からの贈り物と奉還思想

皇道経済論は、万物は全て天御中主神から発したとする宇宙観に根ざしている。万物を神からの預かりものと考え、資本主義的な私有を認めず、富を独占することは、断じて許されないと考えた。物質的次元の平等だけを重視し強権的に目的を達成しようとする共産主義とは根本的に異なるものである。唯物主義という点においては、資本主義も共産主義も同根であり、皇道経済論の奉還思想は、「君臣相親みて上下相愛」する国民共同体と不可分な、神の所有の観念に基づくものであった。

（三）エコロジーに適合した消費の思想

皇道経済論は、一切のものを大切にし、無駄なく完全に活かしきる考えを持っていた。消費には、物質的充足にとどまらない、より高次元の目的があると考え、私欲のために浪費されるべきではないと考えた。「天の恵みをありがたく頂戴する」という自然との共生の色彩が強い発想を持っていた。

（四）成長するための生産＝「むすび」

皇道経済論者は、生産を物質的次元でのみとらえるのではなく、自らの精神を向上させるという精神的価値を見いだしている。物質と精神を不可分であり、精魂を込めたものづくり、匠の精神に通じるものがあるとした。こうした考えは、大量生産、機械化、分業といった近代的生産の対極にあり、機械化は生産効率を上げるが、機械への依存は本来人間に備わっている能力を弱める。分業は人間の労働を分割することをも意味しているとした。

（五）生きる力としての「みこと」意識

皇道経済論は人との競争ではなく、自らの存在価値を高めようとすることによって生じる意欲こそが重要だと考えた。（前掲坪内論文の要約）

坪内氏は皇道経済学の紹介を踏まえ、

資本主義の矛盾が深まる中で、そうした本来の皇道経済論の主張を現実の経済政策に生かす方策を考えるときではなかろうか。それには、制度の改革以上に、国民意識の根本的な改革が不可欠である。まず、我々は物心一如の観念を回復し、経済優先の考え方自体を見直す必要があるのではなかろうか。また、皇道経済の発想を取り入れつつ、わが国が対外的な経済関係を維持するとすれば、近隣アジア諸国をはじめ国際社会における皇道経済の発想の理解が必要になる。

ＴＰＰをはじめ新自由主義の発想に基づく日本の制度改革の圧力が再び強まりつつあるいま、皇道経済論を通じて國體に則った本来の経済観を再認識するという営みの中に、自主独立の気概を回復するのみならず、文明の在り方を再考する契機を見出すことができるのではなかろうか。


と結論している。坪内氏の関心には共感するし、紹介されている皇道経済論には大いに触発されるものがある。だが、先ほど述べたように、残念ながら皇道経済論はイデオロギーではないために論者によって述べていることがかなり異なる。あくまでも過去を参考に自らの思想をねりあげていかねばならないだろう。

坪内論文では引用されていないが、『皇道経済学』という本を書いた人物に茂木清吾という人物がいる。茂木は「皇道経済学は新秩序下の経済現象に法則を発見し、更にその応用実践に規準を提供せんと意図する」（10頁。新字体に改めた。以下同様）と言う。「経済の動きに倫理性を発見」（30頁）し、「倫理的背景を持つ物欲経済生活を是認し、倫理的背景に立つ利潤観念をも容る、のであるが、営利の為の利潤は之を是認しない」（45頁）。という。

茂木はアメリカなどで会社経営に携わったこともあるようで、戦後、昭和二十二年には世界はアメリカ主導で八紘一宇に向かっていると主張した人物のようであり、アメリカは日本以上に国際正義を唱えていたからこそ戦争にも勝てたのだと言う（佐藤健志『僕たちは戦後史を知らない』）。このような一癖も二癖もある人物だったようだ。『皇道経済学』でも、「ファシズムと皇道経済の精神的部面」は「大同小異であると言ふを憚らない」（65頁）と言うなど、国はどこであれ外国にかぶれやすい人物だったのかもしれない。

難波田春夫の経済観

難波田春夫は『国家と経済（戦前版）』で、経済を方向付ける理念を見出そうとしていた。難波田は和辻哲郎の風土論を絡めて、神話と風土論の研究を経済学に結び付けた。難波田は、経済学が「経済と国家との関連に於て考察してはゐない」（日本評論社版『国家と経済　第一巻』2頁）ことを問題視し、自身の論を進める。経済学は経済から国家を排除し、「経済の必然」と言える法則を生み出したが、それは所詮経済自身の法則でしかないことを見落としている。そのため、「国家との関連を見るに際しても、「経済の必然」は動かし得ぬものと考へ、経済以外のものはかゝる経済的なるものの「必然」に規定される」と考えてしまった（同305頁）。そのため、人間の営利欲が無制限に解放されて、その実現の途上にある如何なる障害をも犠牲にさせることも憚らなくなった（同335頁）。だから人間の力はことごとく「営利」にあてられ、生活の意義が失われ、焦燥と不安とが絶えず付きまとうようになった。生存競争は甚だしい富の増大をもたらしたが、同時にそれを楽しむ心の余裕も余暇も奪ってしまったと説く（同356頁）。経済との関係で考察されるべき国家とは、民族、歴史を別にするにしたがってその性質が異なるものである（日本評論社版『国家と経済　第三巻』1頁）。そこで難波田は神話や歴史をさかのぼって日本國體の性質の研究も行っている。その結果、我国の国家構造は民族の全成員が天皇を中心として血縁的、精神的に統一する民族共同体に本質があるとした（同223頁）。

経済による不安を克服するためには単に「食するの道」を与えるだけでは不十分であり、人間の生活が一つの社会共同体の中における共同生活である限り、「人倫五常」の道を、「存在のしかた」としなければならないという（日本評論社版『国家と経済　第二巻』44頁）。国家におけるすべての者が「幸福の分け前」を受けるべきであり、そのためにはすべての人の幸福の幾分かは抑制しなければならない（同179頁）。そして「すべての人がつねにへり下りの心を以て神々に仕へ、国祖をまつり、父祖の教へにしたがひつゝ、古くより伝はり来つた人間の「ありかた」をまもつてゆく。これがわれわれの見出した現実の国家のとるべき道」だとした（同285頁）。経済としては「農を本とする経済」を考えるべきだと言うのである（同305頁）。その農本は自己の欲望満足の為に行うのではなく、日本の歴史や神話に鑑み、天皇に差し上げるためにいそしむべきであるとした。神話の時代は農業が主要な産業であったから、農本になっているが現代は産業全体に広げても許されないことではないとした（日本

評論社版『国家と経済　第三巻』383頁)。

現代日本の歴史は、日清戦争、日露戦争、第一次世界大戦では西洋資本主義からの自国の防衛を達成し、満州事変、支那事変では東亜から西洋資本主義の駆逐を目指したものだと言う。明治維新から現代にいたるまで、現代の日本は終始一貫西洋資本主義の圧迫に対する対抗することを使命としていたという（日本評論社版『国家と経済　第四巻』19頁)。

作田荘一、石川興二の経済観

第二章第四節の最後にも触れたとおり、支那事変が起こったころには、昭和研究会を中心として資本主義を超克しようという動きが盛んに起こった。その論客としては作田荘一や石川興二が挙げられ、前掲坪内論文でも皇道経済学者として引用されている。石川や作田については後に触れる。柳澤治氏が『戦前・戦時日本の経済思想とナチズム』で、こうした石川や作田の議論の原点として向井鹿松と本位田祥男の存在を指摘している。向井は海外の事情を踏まえ統制経済論の論理を展開し、本位田もまた自由主義経済の果たした合理化の役割を評価しつつ、弊害もあったとして統制経済による修正を主張した（11～13頁)。だがこの両名においては統制経済を日本の文化や國體論に結び付けるような発想はなかったようである。当時はケインズも『自由放任の終焉』を書くなど、自由放任論への批判が始まる時代であった。

作田は第二章一節でその愛国的な側面もあると述べた河上肇とも親しかった論客である。作田は『日本国家主義と経済統制』で、国民生活が危機に瀕した場合、国家に訴えるしかない(24頁)、としたうえで、国家の共同性を訴えた。個人が集まって國體ができるのではなく、全体が先にあって個人ができるのでもない。個人と國體は同時存在である(47頁)。日本の国家社会主義はイタリアのファシズムやドイツの国民社会主義とは違い、西洋語で言い表せない日本流の国家の力によって社会主義を実現すると言う考え方だ(100~101頁)。ただし国家社会主義は結局国家主義と社会主義とに分裂すべき性質を持っており、国家主義勢力が大きくなっていくべきものだ。それは深く我が国の歴史を省み、国民生活上の実際の体験を意識することによって下した結論である、とした(138頁)。

また、作田は「随神の道」に基づく「皇国経済学」を提唱している。会社に変る「公社」の設立を提唱したこともあった。

作田の議論はいちいちもっともだが、何処かとらえどころのない感覚を禁じえない。石川は河上肇の弟子であるとともに西田幾多郎の影響も受けていたとされているが、昭和十五年の『新体制の指導原理』では、日本の共同一致は、天皇中心の國體の自覚に帰ることによってなされたが、今日の日本ではそれがなされていない(1頁)。社会は血族による支配から、権力階級による全体主義を経て、個人主義時代を迎え、資本主義と社会主義の相克を経て共同体を重んじる体制に変ると言う(14頁図)。そのうえで「中等学校における國體教育の確立」などの具体的政策にも触れている（75頁）。石川は、明治維新後ドイツ的な国家主義と英国的な資本主義が流入し「村」の真の日本的意義が忘れられ破壊されつつある（160頁）、と権藤成卿のようなことまで述べている。石川は新たな階級が国家に於いて重要なる分子を構成することで実力を有し、「強請」による社会変革をなす、と階級闘争の肯定とまで言えるかどうかは難しいが、そうとられかねない発言までしている（275頁）。

蓑田は石川も参加した新体制運動の動きを厳しく批判している。それは第二章第四節でも触れたとおりだ。石川は昭和十八年には『新体制の指導原理』におけるマルクス経済学理論の解説部と、治安維持法への批判を問題視され、京大経済学部を休職処分になっている。

日本型の労働運動の模索

また、本稿で度々触れてきたように、「皇道経済学」という名前ではなくとも、資本主義でも共産主義でもない第三の道は模索され続けたと言ってよいだろう。

例えば神野信一は『日本主義労働運動の真髄』という本を書いている。神野は、左翼勢力の影響が強かった石川島造船所に自彊労働組合を設立し、労使一体、産業報国を訴えた。神野本人は安岡正篤とも親交があり、『日本主義労働運動の真髄』にも安岡や後藤文夫が序文を書いている。

当時はムッソリーニのイタリアやナチスドイツが登場し始めるころであり、資本主義でも共産主義でもない第三の道としてこうしたファッショの動きに注目している。同書はソ連の計画経済に対して「ロシアはマルクスの理論によつて貨幣の存在を認めず、一億二千萬の勤労者を無賃で働かせている」（32頁）と冷淡な一方、イタリアに対しては「一昨年の第十五回国際労働總會では、多少とも社会主義的傾向を帯びた労働組合は、聲を揃へ口を極めて伊太利のファシスト労働組合を攻撃したが、その結果決然席を蹴つて退場した伊太利の労働者、資本家、政府の三代表は、一致團結、全世界に向かつて次のやうな聲明を發した。／「伊太利は労働總會によつて救はれるのではない！　眞に伊太利を救ふものは、伊太利國民である！」／この昂然たる意氣、この頼母しい團結、これこそファシズム伊太利を益々強化進展せしめるものであり、伊太利の産業を旭日昇天の勢で振興させる偉大な力であると言はねばならないのである」（57頁。／は改行）と高揚感ある筆致で描いている。歴史の結果を知る者からすれば違和感のある叙述かもしれないが、資本主義と共産主義のはざまで閉塞感を感じていた当時の鬱屈が伝わるように感じる。

『日本主義労働運動の真髄』では左翼勢力の強い中で新たな労組を打ち立てたことによる苦労譚が綴られている。経営側に寄り添った組合つぶしでしかなかったのではないかという疑問を禁じ得ないが、一方で戦後には一般的になった労使一体（労使協調）路線を打ち出したのは注目に値する。『日本主義労働運動綱領・行動方針並に解説』でも神野は「同志にして先駆者」と評されている（1頁）。

また、『日本主義労働運動綱領・行動方針並に解説』でも日本は「道義国家」であり「人格生活」と「国民生活」が矛盾しないことが日本国家の本質であるという（9頁）。そのうえで日本は皇道国家、道義国家として隅から隅まで完成しているわけではなく改善の余地はあるとする（10頁）。

具体的には、一家数人が生活して行けないような賃金は「公正とは言ひ難い」（20頁）とした。労働運動の根底には国民運動としての意識がなければならず（28～29頁）、営利を通じて道徳を実現しようとしている資本家ならば、私有財産営利主義も恥ずかしいことはない、とした（32頁）。人は自分の立場にかかわらず全体意識があり、「相愛の情」によって労使の融合は実現できる、とした（37～38頁）。自由競争主義は無条件に信奉すべきではなく（45頁）、資本家がその本分を守らない場合は誠意を以て反省を求めるべきであり、これでも改善しないときは決起すべしとした（49～50頁）。

今取り上げた論客たちは各人その思想は異なれど資本主義の問題点を克服しようとしていたことが伺える。ただ、その思想は肯定するにしろしないにしろイタリアのファシズムやドイツのナチズムの台頭と無縁ではいられなかった。また、支那事変等に伴う時局的必要から唱えられ、あるいはそれに刺激を受けて生み出されたものでもあった。

第五節　労使協調路線の有効性について

労使協調路線の歴史

時事的な議論になるが、『日本主義労働運動の真髄』で労使協調の話が出たので少しわたしの意見を述べさせていただきたいと思う。第一章第三節において難波田春夫の戦後の議論について触れたが、難波田は昭和五十一年に『共同体の提唱』という本を書いている。そこでは資本主義の論理を批判したうえで労働者の自社株保有など、企業の共同性について語られている。

　わが国では、西ドイツの制度をまねして、財産形成政策が社会保障制度の一環として推進されつつある。労働者に対しては、いわゆる所得保障をしただけでは十分ではない。彼らが不安なしに生活できるようにするためには、さらに財産をもたせる必要があるとして、財形政策が進められているのであるが、どんな形での財産をもつことが理想であるかといえば、私は自社株の保有であると考える。労働者は、自社株を保有することによって、一層企業との一体感を進めることができるからである。（２１３〜２１４頁）

前号で戦前の難波田の議論を紹介したが、戦後は労使協調的な企業にその共同性の期待をかけたわけだ。ちなみに労使協調路線の萌芽とも呼べるものは戦前からあった。鐘淵紡績（カネボウ㈱）の社長も務めた武藤山治は、大正十五年に著した『実業読本』のなかで、「どうしたら従業員が満足して、自然に一生懸命働いてくれるだろうかということを、つねに心がけておらねばならぬ。（中略）みだりに小言を言ったり、または厳重なる規則を設けて、規則攻めにするものは、多くの場合失敗する。（中略）従業員の心に満足がなければならぬと考えて、従業員を優遇することに大いに力をつくした」（『現代日本思想体系11実業の思想』２２７頁）と述べている。

また、明確な労使協調路線とまでは言えないかもしれないが、渋沢栄一は大正五年に著した『論語と算盤』で、「わたしに一日の長があるために、腰を低くしてわたしと働いてくれる人がいるかもしれない、しかし、少々経験が足りないくらいで、威張るようなことはしたくない。人は平等でなくてはならない。しかもその平等は、ケジメや礼儀、譲り合いがなければならない。／わたしを、徳のある人と思ってくれる人もいるかもしれないが、わたしも人のことを徳があると思っている。結局、世の中は持ちつ持たれつなもの。自分も驕らないようにし、相手も侮らず、お互いに信頼し合って隙間風の吹かないようにとわたしは努めている」（『現代語訳　論語と算盤』29頁、／は改行）と述べている。

労使協調路線に対し批判的に論じているのは里見岸雄である。里見は『天皇とプロレタリア』で、労使協調路線は「一時的対症療法としての効力は期待し得るが、根本的解決を望み得ない」とした。「協調主義は、一種の人格主義であって、労働者も資本家も互にその人格を尊敬しあふ倫理的観念を基礎とするものだ。されど、協調はつひに妥協調停にすぎない。（中略）労使協調主義は、つまり、ものごとを、根本的に深刻に観察し、根本的に解決を迫り出さうとしない不徹底現実主義だ。況んやこの主義も元来西洋に発生した主義で、我国の協調会の如きは、畢竟するにそれを模倣した小才覚に過ぎない」と述べている（２４７〜２４８頁）。

高度経済成長当時においては、労使協調路線は一定の成果を上げたと言える。労使協調路線は終身雇用と並んで戦後日本における「日本型資本主義」の根幹の一つであり、『ジャパン・アズ・ナンバーワン』においても取り上げられた、ある意味戦前的な國體論を失った戦後社会を特徴づける議論の一つだろう。

ところでこのヴォーゲルによって書かれた『ジャパン・アズ・ナンバーワン』は、今あらためて読むと日本人に受け止められたほど日本を賛美したものではない。むしろ日本の美質をアメリカにも応用することを目指して書かれた本だ。そのため、ヴォーゲルは日本人の良いところを日本の伝統がもたらしたものであるということを否定した。「日本人の組織、財界、官僚制などへのかかわり方を調べれば調べるほど、日本人の成功はそのような伝統的国民性、昔ながらの美徳によるものではなく、むしろ、日本独特の組織力、政策、計画によって意図的にもたらされたものであると信じざるを得なくなった」（広中和歌子、木本彰子訳、３頁）。日本人の国民性や日本の伝統の産物ではないから、アメリカ人にもまねできるというわけである。これは國體を見失った戦後と絡めて考えても面白い。

労使協調の有効性と雇用の流動化

近年では労使協調を名目に組合と経営が馴れ合いになる場合もあった。ましてや日本の労働組合はほとんどが会社別の組合であり、自社の正社員の権利の保護に熱心な半面、非正規雇用者の待遇改善はなおざりにされてきた。城繁幸や赤木智弘のように、労働組合のこうした性格を批判し、雇用の流動化を主張する論客も現れた。彼らは、社会福祉は政府によって担われるべきだと主張している。現在の日本社会では企業に多く社会福祉の役割が期待されているために、従業員の生殺与奪の権を握っているとも言える。城はいわゆる新自由主義的立場から、赤木は新自由主義を批判する立場からこうした議論を述べていることも興味深い。

雇用の流動化や政府による社会福祉の是非は別として、企業がもはや労働者にとって信用のおける存在ではなくなってきた。かつて、アクリフーズの群馬工場において、契約社員の従業員が生産する食品に農薬を混入させるという事件があった。犯人は「会社への恨み」を犯行動機として挙げていた。この事件自体は会社よりも消費者に直接的に害が及ぶ手法であり、到底容認できるものではない。しかし会社と労働者の絆などと言うものはもはや夢物語だと思わずにはいられない。

メディアを通じた印象論でしかないが、何年か前に支那で毒ギョーザ事件があった時に、「日本国内では起こり得ない事件」という反応が多かったように思う。しかし実際にはこうした事件は起きたわけである。

資本主義の限界

実のところ、現在の資本主義体制下で企業にもっと人を雇え、待遇を良くしろ、と要求だけし続けるのは難しいと考えている。企業経営者は資本主義社会の中で当然の選択を行い、それが結果的にそのような事態を招いている。もちろん企業への要求をすべきではない、と言っているのではない。日本の企業は労働法すらも守れずに、雇用環境を平然と悪化させている。こうした事態は許されるべきではない。

わたしは思うのだが、法律も守れない人間が、顧客に何を売るというのだろう。どの口で顧客に信頼を求めるのだろう。もっとも、本業の商売でも詐欺同然の悪辣な商売をやっており、心が痛まないのかもしれない。一部の悪質な企業の話ではない。企業が利益を上げるためには、従業員か、取引先・下請けか、顧客を泣かさなければならない。もしくは法の網を潜り抜け、邪悪な手法をとらなければならない。「三方よし」は家族的自営業においては守られるべき美徳であろうが、グローバル大企業にとっては商売とは略奪に近いのではないか。経営トップの仕事とは、「win-win」ではどうにも解決できない事態に対し、カネの力や人脈の力、政府権力などありとあらゆる手段を活用して自社に利益をもたらすことである。カルロス・ゴーンが三菱自動車の燃費不正を暴かせ、株価を暴落させたうえで買収したような仕事がそれだ。win-winで片が付くことなど下っ端でもできるというのが本場の「商人」の考え方であろう。

企業が労働者に対して労働法違反を平気で行うのは、日本が長期雇用社会だからであり、労働者にとっては退職したら次があるかどうかわからないから泣き寝入りするしかないからだ、と言われるときもある。そういう側面もあるだろう。だが、これを防止するために解雇規制を緩和したところで、問題の解決になるかどうかはわからない。解雇が容易になるということは企業が強力な人事権を得るということである。その濫用を社会的に規制しようという意思がなければ、解雇規制は緩和しようがしまいが同じことではないだろうか。企業、そして商売は社会における必要悪である。それを自覚しなければならない。必要悪であることを忘れて、商売をむやみに礼賛すれば、必ず社会にしっぺ返しが来る。

企業で働くということは自分の労働力を切り売りするということだ。その売った時間の間は、他人に従うことになる。この関係は少なくとも今の経済体制下では当然とされている関係ではあるが、人と人とが金銭関係を通じて「支配―被支配」の関係になることができる、ということは他ではなかなかない異常な関係である。

極論を言えば、たかがカネを払うくらいでなぜ人をいいように動かせるのか、不思議でたまらない。切り売りされた労働時間中は、他者の指示に従うことになる。だから労働者に自主性はほとんどないし、当然それによって「成長」するとか、「自己実現」するなどということも疑わしい。そこに自主的判断が伴わないからだ。「成長」とか「自己実現」などどうでもよい観念なのだが、生活費以外得るものは病気だけの人生よりは、自ら漕ぎ出でる人生のほうがよかろう。

だがそういう人生は資本主義の進展とともに描きづらいものになっている。農家も、家族経営の商店も少なくなり、誰かに使われず生きる余地は狭まる一方だ。時に労働者は自分で考えて自発的に動くことを奨励されるが、それは本当の意味で「自分で考える」ということではもちろんない。大方においてそれは「上司や会社が求めるであろうことを勝手に悟れ」ということでしかなく、要するに「より一層心まで奴隷になりなさい」と言っているに過ぎない。大方において、格別ブラックな企業でもなければ、仕事は給料をもらうことを考えればおおむね耐えうるものであることが多い。耐えがたいほどの苦痛を感じるのは得てして「仕事」ではなく「職場」のほうだ。

言い換えれば耐え難いほどの苦痛の原因は「競争」ではなく「雇用関係」のほうだ。一個人としてはごく普通の、しかし優秀であるはずの人間が、「上司」や「同僚」として相対したとたんに愚かしい存在に成り果てる。自己保身のために人を使うことも恥じない。職場はいかにも世間的な権力構造を背負っている分、仕事よりも生々しく、人間の愚昧な部分が前面に出やすいのかもしれない。

もちろん現行の資本主義の問題を抑止するための短期的な手段として、「競争社会」の批判あるいは経済的弱者の救済は重要なことだ。だがそれは「競争そのものの減少」といった方法をとるにしろ「セーフティネットの完備」という方法をとるにしろ、根本的な解決にはならない。人が生きていくうえで如何なる社会になろうとも競争は避けられないし、無政府主義でも主張しない限り同じ国民を政府が救済しないで済むということも起こりえないからだ。言い換えれば、競争は避けられないが、同朋の救済も欠くことができない。

だが「仕事」というよりも「職場」が嫌で辞める人は救済されない。大方の退職理由は職場の人間関係が良くないから辞めるのである。職場はもはや共同体ではありえないが、にもかかわらず「共同体であるかのような」素振りだけは求められる。そうした擬制によるひずみは職場を生き苦しいだけの場所としている。

大窪一志氏は『自治社会の原像』で、会社の現場に権限がなくなってきたのを九十年代だと指摘している（5頁）。バブルが崩壊した後、コンプライアンスとマニュアルでがんじがらめにされた職場は、上司の「ご意向」に振り回され、あげくその上司は何かあれば「指示していない。現場が勝手にやったこと」と逃げる。そんなことが大なり小なり日本中で起こっている。長期的な課題として、そもそも人が人を雇用する仕組み自体に問題があると考えるべきではないだろうか。

「職場」の問題が特に重要だと思われるのは、先ほど述べたとおり戦後日本が長期雇用と労使協調により、企業を疑似的な共同体と見做し秩序を形作ってきた側面があるからだ。「職場」の問題はこの疑似共同体の崩壊であり、「日本型資本主義」の終焉でもある。もはや「職場」は共同体ではなく、秩序を形作る力を持たない。

ところが「日本型資本主義」を批判して登場したのは、アメリカ的な露骨な資本主義であり、事態は悪化こそすれまったく改善しなかった。本節冒頭の武藤山治の言葉を見ても、問題は雇用制度そのものと言うよりは、各人の意識の問題だろう。「労働者を思いやる」という思想そのものが薄れてしまい、そのために作ったはずの長期雇用や年功序列的慣行のみが制度として残り、その制度を残すために労働者が犠牲になるという矛盾が起こっている。その起源たる発想を取り戻さない限り、職場の問題が解決することはない。

だが現在の資本主義に染まり切った日本社会では、経営層が再び自らの使命を取り戻すことは期待できない。現在の日本は「日本型資本主義」以降の国の在り方を発見できていない。新自由主義を受け入れることはできないが、日本型雇用に甘んじることもできない矛盾した感情がある。そうした中で緩やかに資本の毒が回り、資本の論理が幅を利かせ、仕事の現場は力を失ってきている。

本稿で論じてきたように、日本における資本主義の導入は、帝国主義の時代の中で生き残らなくてはならない、という危機感の中で行われた。その結果、鉱毒事件などの公害が起こったり、格差が問題になったり、戦前から様々な弊害を抱え続けた。

こうした状況下で資本主義を見直そうという思想が起こり、その中には國體を重んじる立場から資本主義に反対する者も多く見られた。だが、論者によってその思想は異なり、また、冷戦や戦争などの時局による要請からその関心は大きく揺れ動いた。われわれはこうした日本の歩みを踏まえつつ、改めて自らの國體に思いをはせる必要があるように思われてならないのである。

第六節　働くとは何か

カイシャとは何か

特に戦後は、自民党をはじめとしてカネを稼ぐことにうつつをぬかすような国づくりに精を出し、社会に還元することを見失っている。そもそも法人は株主に利益を還元するためだけに存在するのであって、理論上は他の何物にも責任を負っていない。法の網を潜り抜け、グレーゾーンでカネを稼ごうが、それにより株主に還元できていればそれが是とされるのである。法人は他のいかなる都合も考慮しない。法人の傍若無人がまかり通っているのが現代社会である。それは今に始まったことではない。

大窪一志氏は『自治社会の原像』を、日本社会から「現場の力」がなくなってきていることを指摘することから書き起こした。「社会」が市場に取って代わられ、「現場」の権限が奪われ、人々が助け合う余地が狭められていった。日々の仕事が官僚的になり、人に付いた仕事を誰にでも代替可能なものにしていったことが原因である。その結果、かえって社会はギスギスした息苦しいものとなっていった。人々の間にあったはずの共同関係はいつの間にか雲散霧消し、モノが人を使う世の中が訪れ、職場は荒廃した。仕事への愛情は失われ、会社員に求められるのはどこからか降りてきた「上」からの指示を粛々と実行し、「成果」を挙げることのみになったのである。その方が「成果」を挙げ、「成長」を達成するには効率的であったが、その反面職場は崩壊し、人々の交情は失われた。現代は、武士道も商人道も廃れ、官僚的な法人の都合が独り歩きしている。このような事態に対する精神的反抗ののろしを上げなければならない。一人一人が自己の裁量、自己の発想に基づいて日々の仕事が行われる世の中でなければならない。日常の小さな基点から反抗が必要だ。

生活する人間の姿

人間のすべての社会的活動を、その努力を、その創造を否定するならば、人はただ、生まれ、食べ、交尾し、子供をうみ、そして死ぬてんとう虫と異なるところはない。だが、人間はてんとう虫ではない。人間を「万物の霊長」と称する古典的解釈は、けっしてまちがいではなかった。虫は自然の意志のままに生きそして死ぬ。人間は自然の意志に従うと同時にこれに逆らって、生き、死に、しかも、ついに大自然の意志を完成するのだ。大義のために死し、わが名を青史に列ねようとする努力――これこそ人間として誇りうるただ一つの人間的努力である。自分はまちがっていなかった。迷う必要はない。（林房雄「青年」『現代日本文学館28　林房雄・島木健作』112頁）

林房雄が述べたのは、ただ生まれ、食べ、交尾し、子どもを産み、死んでいくだけで甘んじることのできない人間の姿である。人間は己が全体に寄与している実感を求めるものなのだ。

われわれの人生は次々と襲い来る世事に翻弄され、時に喜び、時にいら立ち、ままならぬ難題に煩悶し、苦しみ、もがき、それでもなんとか歩いている。しかし、それは己の一身のことばかりに夢中になり、周りに思いをいたすことができない状態でもある。おそらく今のわれわれの人生はそういったままならぬものに満たされており、何かが変だ、おかしいと思いながらも、その正体が見抜けずに仕方なく惰性のままに日々を繰り返している。

労働者は、あるいは会社員は、と言い換えてもよいが、自分の人生、自分の生活、自分の運命をほとんど自分で決めることができない。いつ休むかも労働時間も仕事内容も、勤務先も、取引先さえもどこかの誰かが勝手に決めたものに左右されている。それらの都合に反しない限りにおいて、自分の判断を尊重されるにすぎない。市場競争の結果、自営業よりも雇用者の形態のほうが「効率的」だと結論が出たのであるが、その結果、「各人が自由に競争できる」などという建前は全くの空語となった。自分自身の生活を、運命を、他の誰かに翻弄されて終わるのか。その無力感は無視できないものがある。

自己決定など幻想だと知っている。だがそれでも会社員生活はあまりにもその行動すべてを他人に支配されすぎている。あるいは「他人」に支配されているのではないのかもしれない。労働力は商品である。してみれば資本の論理に支配されているのである。競争は、地位や貧富で人を差別しようとする人間の嫌な面と分かちがたく結びついている。

会社という組織は、その競争の嫌な面を増幅する装置である。業務を指示監督する立場である以上に、上司を人格的に逆らい難い存在に仕立て上げようとする。人の足元を見て、相手が逆らい難いと見るや途端に無法な要求を恥も知らず押し付けてくる。「結婚したり子どもができたら転勤させられる」という噂はその典型的な例である。「会社」とか「職場」という利益社会のもつ怖しさは会社員として働いたことがあるものは多かれ少なかれ自覚していることである。経営層も何かに駆り立てられてそういう方向に走らざるを得なくさせられている。そのことが資本のもつ最大の問題であろう。

生活とは何か

働くとは、元来そういうものではなかったのではないか。社会を構成するのは、国民一人ひとりであって、決して会社や資本ではないはずだ。それらは、便宜的に置かれたものに過ぎなかったはずだ。ところが、その道具のほうに振り回されて、肝心の一人ひとりがその生活を失って働く道具のように扱われていることに疑問を感じなければならない。生産も消費も、企業あるいは資本にとっての利用価値で計られ管理され、それによって生活が左右されてしまう。こんなことはおかしいではないか。大事なのは各自の尊厳であって、決して会社などではない。

われわれの生活は日々何かと忙しいものだ。だがその忙しいことを誇る気にはどうしてもなれないのである。暇人を見つけ、それを「活用する」などと称して労働の場に引きずり出そうという大きなお世話を焼こうとするのが「忙しい」人間である。有限の人生の中で、そもそも何のためにせわしく飛び回るのか考えなければならない。しかし、それを考える余裕があるのは概して暇人の方なのである。せわしない生活には、自分の生活を自分で決められない苦しさがある。

もちろん、自己決定など幻想である。しかしそれは、会社や資本に支配される生活を正当化するようなものであってはならない。平凡な人生を気楽とみなすのはどうなのか。志を果たし得ない人生は、ただ生活苦だけがある針のむしろかもしれないのである。いずれにしても、生活に自己決定権がないのは問題だろう。

われわれは自分の生活を自分で決めたいのである。自分の志、自分の運命を他人に押し付けられるのはうんざりである。資本が自ら肥え太るために使役されるのは、もうごめんなのである。

かつて人々は賃労働者になろうとした。家族やムラの論理から逃れるためである。しかし、賃労働者になっても新たな拘束や服従を強いられるだけであった。自ら生産手段を持った農民や家族的自営業者は、子どもを会社員にさせようとする。会社員のほうが安定して幸せだと思ったのだ。だが、それは高度経済成長の間だけしか通用しない幻想であった。それは子どもをプロレタリアあるいはプレカリアートにすることと同じである。自ら生産手段を持たない者は、どこまで行っても他人に労働力を売らなければ生きていけないのである。かといって農民や自営業が楽になったわけでもなく、ただ緩やかに窮乏化している状況である。

「いまの若者は無気力だ」という。そういう側面もあるかもしれない。だが問題は若者に限ったことではない。無気力は社会全体を覆って、人々から生き生きとした活力を奪っている。マニュアルと規制に縛られた日常に気力、活力が入り込む余地はない。よって活力が萎えてしまうのだ。

個人と法人

産業革命以降、資本主義の進展により「公」の絶対性は減少していったが、同様に「私」の固有性も失われていった。「私」は努力と研鑽により作り出される無二の存在ではなく、凡庸で無個性で誰にでも置き換え可能な存在に変わっていった。

資本主義は、人々を結びつけていた伝統的で細やかな関係をことごとく金銭的関係に置き換え、敬虔な信仰、武士道の美学、町人道さえも無力化させた。医者、文学者、教師に対する人々の尊敬の念を剥ぎ取り、彼らを売上だけを気にする賃労働者にした。教師を労働者のようにみなしたのは日教組によるものという決めつけがなされたが、日教組は幸いにも大した影響力を持っていない。むしろ資本主義的感覚の広まりのほうが大きいのではないだろうか。

自由放任により社会が発展するなど空想に過ぎない。すでに明治四十一年刊行の山路愛山『現代金権史』においてすら、「政府の世話焼きは余計の沙汰なりと憤慨したる所にて、其実電信も政府に掛けて貰ひ、鉄道もこしらへて貰ひ、学校も政府の脅迫に依りて出来、銀行の営業振り、簿記法の記入方、乃至チョン髷を切るべきことまで政府の世話を受けて渋々進みたる人民が自由放任を口にしたりとて、それは親掛りの子息が贅沢にも親の干渉に不平を鳴らすに殊ならず」と揶揄されているのである（『明治文学全集35　山路愛山集』46頁）。自由放任などと主張しても、政府のインフラを使い、政府に教育された労働者を使っているなど政府にことごとく依存しているではないか。そんなのは親に育てられていながら親の干渉に文句を言っているのと同じだ、というわけである。

個人には寿命があるが法人には寿命がない。今の日本は企業ばかり肥え太る法人資本主義と化している。

それは今の日本の税制があまりにも法人優遇に偏しており、増税といえば消費税と考えられがちな風潮から見ても明白であろう。だが、それは市場の命運が法人の都合に左右されて、個人では如何ともしがたい性格を持っているということでもある。法人は裕福であるが個人は貧しい。個人は「法人の都合」を叶えるためだけに使いつぶされてしまう。それは経営層であっても同じことである。

戦後、右翼・保守派によって「戦後思想を克服する」ことが唱えられた。たしかにそれは重要だが、目的ではない。日本の歴史、文化、伝統に参与し、その偉大な伝統に、自らも黄金の釘を打ち付けて次代に託すことこそ、人生の大目的にふさわしい。

日本人が各人その美質を発揮するためにも、経済問題は克服されなければならない。この大目的の前では、右翼と左翼の違いは大した問題ではない。無論皇室に害をなそうとするような思想は到底受け入れることはできないが、そういったものを除外すれば、右翼と左翼には共通する点も多く、お互いの意見を参照し、より高めることができるように思う。本稿で繰り返し述べている通り、右翼と左翼と言う分類自体が冷戦期にしか通用しない代物なのだから、いわゆる「右翼的」、「左翼的」と称される思想に元来共通点が多いことはむしろ当然のことなのだ。

結び

伝統を失った日本社会

猪瀬直樹氏の『ミカドの肖像』では、高層ビルが建ちならぶ東京の真ん中に緑に、包まれた皇居がある不思議な状況を印象的に取り上げている（新潮文庫版上巻17～20頁）。民草はもはや信仰心など捨てカネ儲けに奔走している。盆踊りを駐車場か学校の校庭で行うことすらできない時代となった。信仰心を持てと言ったら怪しげな新興宗教かもしくは一昔前にはやった「スピリチュアル」か、という時代になってしまった。皇室は大衆化したがそれ以上に国民が近代化されすぎてしまいある意味で皇室の儀式は「私事」だからこそ保てている、という倒錯した状況になっていないか。だとすれば罪は国民の側にあることは間違いない。日本は近代化されすぎてしまったのである。だが、日本人の日本性は消えてしまったわけではない。ただ奥に隠れてしまうようになってしまっただけだ。国民が自覚することで自然とあるべき日本は回帰してくるであろう。

先ほど猪瀬氏の『ミカドの肖像』に絡めて景観の話をしたが、景観はまさしく社会の象徴である。今の日本はどこに行っても同じような景色であって、そこに地方の特色を見出すことは難しくなってしまった。経済発展により富は築けただろうが、その結果がこの有様では、何のための経済発展だったのか。はるか古代さえ神社を作り、大仏を作り、芸術、文化に功があったというのに。

余談ながら正倉院の宝物は輸入品ではなく、外国の様式に影響を受けた国産品であるとも言われる。外来文化の影響をうけつつも、日本人の好みに合わせて作られているようである。外国の文化をまねることができるということは同等の文化の程度が必要となる。まねするのも簡単ではない。まねしたくてもできないこともある。日本は千三百年前から高い技術力と文化を誇っていたのである。当のペルシャなどではその文化的遺産が多く失われており、貴重な史料となっている。儒教も、仏教も、アジア文化の精髄は日本にしか残っていないものもある。

市場競争の弊害と民主主義への懐疑

社会的な問題を市場競争の結果のままに放任しては、社会は分裂し、同じ国民として一致団結することは不可能になってしまう。そのために国家が全国民共同の観念の元に市場競争の弊害を政策によって是正するよう努めなければならないのだ。

「お前は民主主義や資本主義を罵るようなことを書いてばかりいるが、対案はあるのか。まさかかつての共産主義国家を再現しようとしているわけではあるまいに」と言われてしまえば、わたしは口ごもらざるを得ない。おそらく民主主義や資本主義は対案が難しい考えの代表格であろう。それが日本社会に害をもたらすとして、その代わりにどういった制度を対置するか明快に述べることは難しい。だが同時に思うのは、対案がない、ということは害を放置する理由にはならない、ということだ。民主主義や資本主義は日本人の国民精神に根深い問題を与えていると確信しているからこそ批判しているのである。

葦津珍彦は、『近代民主主義の終末』で、国家意思をただ多数決で決定するならば、人口が増えるにしたがって国家意思と国民一人一人の意思の縁は薄くなるとしたうえで、「民主的な多数決政治の歴史が進むとともに、国民が自分と国との間に違和感を持ち、国に対する政治的無関心の風潮に流れていくのは決して怪しむべきではない」とした（10頁）。そのうえで国民が政治的無関心に流れないようにすべきことを訴えている。一億分の一でしかない多数決では、国民が当事者意識を持ってその国民精神を発揮することができないのである。

いま「国民精神」と書いた。「愛国心」とか「ナショナリズム」と呼ばれているものを戦前は「国民精神」と称することが多かった。「国民精神」とはお上に依存せず自ら国を支える気概でいるということも含意されている。国民全体に国民的任務を分担させることが理想の政治形態だとされた。明治期において「国民精神」と「自由民権」が何の矛盾もなく唱えられた所以である。自由民権運動とは、日本が生き残るためには薩長藩閥の専制であってはならないという強い「国民精神」に支えられていたのだ。その意味では「国民精神」と「民主主義」は両立しうる。

一方で現代。普通選挙になった投票行為は儀礼的となり、無責任としか思えない政治選択をとることがある。例えば「一回やらせてみよう」と民主党に政権をゆだねた選挙がそれであり、また「民主党にだまされた」と何の反省もなくアベノミクスに踊り狂った自民党の政権復帰となった選挙がそうである。「国民精神」を持つものよりも軽い気持ちで投票するものの心をつかむほうが当選できると政治家たちがわかってしまったからこそ、こういう結果が起こった。自由競争の弊害が露骨に出た結果となっている。

「自由競争の弊害」と書いたが、一人一票制の普通選挙と自由競争を旨とする資本主義はとても似通っている。「皆が自己利益に基づき行動すれば利害は自然と調整されて最良の結果が出る」という根拠なき信仰で支えられている点が共通しているからだ。

わたしは民主主義を懐疑するからと言って、「五箇条の御誓文」に謳われた公議輿論まで否定するつもりは全くない。わたしが懐疑する民主主義とは皆が自己利益に基づいて投票すれば、多数決により最善の結果が出るという考えのことである。

資本主義は自由競争に支えられているが、競争は必ずしもよい結果をもたらさなかった。もちろん自由競争は社会的代償が少なく悪徳業者を排除できる点、自らの強みを磨くことで隙間産業で生きていくことができる点など、社会にとって貴重な美徳をもたらすこともある。だがこうした社会の美徳は競争そのものによって叩き潰されることも多い。なぜなら新たな商品、仕組み等によって競争が起こるのならば良いが、そういうものは頻繁に思いつくものではなく、また社会が経済的に豊かになっていくほど思いつきにくくなるからだ。「お金を頂く代わりに洗濯をします」といったところで、洗濯機が普及していない国ならば喜ばれるかもしれないが、先進国ではノウハウもない人間が事業を始めたところで商売が成功するはずがない。食堂を営もうにも競合他社が多ければ簡単にはうまくいくまい。要するに経済的に豊かになってしまった国では商売を営むために超えるべき基準が高くなるのである。ひょっとしたらそれは個人ではなかなか達成できる段階にはなくなっているのかもしれない。

新たな商品、仕組み等が思いつかなければ価格競争で勝つよりない。原価の大きな要素は人件費だから、価格競争になれば人件費を切り下げ、みんなで我慢大会にならざるを得なくなっていく。消耗戦になった競争は何も生まず、社会を疲弊させていく。それを耐え難いと感じる者は成熟してしまった市場を避けて未成熟な市場を求めて海外へ出て行くことになる。だが、未成熟な市場は徐々に世界から消えつつある。

国民精神の危機

われわれは知らなくてはならない。国民精神の喪失の危険性は、民主主義や資本主義を打倒する側の思想だけでなく、民主主義や資本主義の中にもはらんでいると言うことをだ。冷戦期、日本のいわゆる「保守派」は民主主義や資本主義の危険性に無自覚でありすぎた。日本を駄目にしたのは「反日教育」でも「リベラルな言論」でもなかった。それらは幸いにもさほど力を持たなかった。国民精神を育む郷土も、政治を支える国民の自覚も民主主義と資本主義が駄目にした。民衆は政治を「税金の対価」としか考えていないではないか。それはきわめて資本主義的な考えだ。税金を払う代わりに公共サービスを買う、と言う意味で。

民主主義や資本主義はかみ合えば国民精神を育成する助けになるが、結局国民精神そのものではないがゆえにかみ合わなくなってしまう。国民精神は国民精神の中にしか生きられない。国民精神の発展は国民精神をたたえる思想の元でしかなしえない。われわれは利害関係を前提とした考えを克服し、共同の域にまで高めなくてはならない。利害関係では人は感動しない。動かないのである。同じ国民として苦楽を共にすること。われわれの心の内にはそれを美徳とする感情が宿っている。それを呼び起こすことだ。三島由紀夫は「愛国心はあまり好きではない」と言ったという。「官製のにほひ」がして、「言葉としての由緒、やさしさ」がなく、「どこか押しつけがましい」「『大和魂』で十分」だという（『三島由紀夫評論全集』第三巻449～451頁）。愛はひけらかすものではない。皇室や日本国粋に対する思いは「愛」というよりは「恋闕」（影山正治）というべきだろう。国民精神は自らの魂の内にある。国民精神を自覚したときわれわれの日本は新たな活力を得て蘇ることができる。野村秋介は「右翼」という呼び方は気に食わない、保守勢力ではなく維新者だとしたうえで、「我々が維新者としてなすべきことは、常に原点に返ろうとする鋭意努力だよ。日々反省することによって自己維新していかなければならない。社会だけを維新するんじゃなくてね」（『さらば群青』272頁）という。自己の原点、それは民主主義や資本主義、ましてや共産主義にはない。日本人であること、その歴史的自覚こそが発想の原点であろう。

野村は日本赤軍に触れて、次のように述べた。「反共抜刀隊的な右翼の連中がたくさんいたパーティーでも、言ってやったよ。『死刑台の前に敵が立っているぞ、共産主義め、ざまあみろ、じゃ済まないいんだ。彼らのためにも我々も一粒の涙を持つべきなんだ。そうであってこその民族派であり、維新者なんだ。天皇陛下はなんと言った。明治天皇は『天下億兆一人としてその所を得ざれば全て朕の罪なり』と。一人でも不幸な人がいるということは私の責任です、と天皇陛下が言っているんだ。だから、僕が左翼の人間に対して涙を流すことも当然なんだ。左翼だから死刑になっても構わない、そういうことじゃないよ」ってね」（同448頁）。

日本人が重んじるべき魂の旗

何度も本稿で語ってきた通り、資本主義は日本が外国の侵略から生き残るために必要とされたものであった。言い方を変えれば、富国強兵、殖産興業の観点から必要とされたのであって、資本主義それ自体を肯定する論説は少なかった。もちろん明治時代になる前にも日本には商売が盛んにおこなわれていたし、江戸時代には先物取引まで行われていた。だがそれは現実であって、思想ではなかった。世を導く力と言うよりは生活の中で自然に生まれた秩序であった。

林房雄は『大東亜戦争肯定論』で、明治以降の歴史を欧米列強のアジア侵略に対抗する「百年戦争」であったと位置付けた。その概念に従えば、日本の資本主義化もまた東亜侵略への抵抗であって、それ以上でもそれ以下でもなかった。

資本主義の必要性はある程度理解されたが、その実現のために貧困層をないがしろにすることに対しては強い批判があった。国粋主義の目的は日本全員の美質を発揮させせなければ国際社会を生き残れないという危機感であったし、初期社会主義は富国強兵の中で見過ごされた格差や貧困、公害に対して社会として取り組む必要を説くものであった。両者ともあくまで日本の興隆を目的に発言されたものであった。彼らの義侠心を呼び起こしたものは国民精神だったと言ってよい。

明治期はこのような情勢だったが、時代が下るにつれて冷戦的な資本主義と共産主義の対立が思想界にも影響を及ぼしていくことになった。国民精神と社会主義、共産主義は徐々に相容れないものとなっていった。しかし社会矛盾はより深刻になり、ファシズムやナチズムの登場とともに、皇室を肯定しながら統制経済を訴える動きや、農本主義の登場など、様々な思想が生まれ、社会に投げかけられることとなった。しかしこれらの思想の目的とするところは似通っていたが、少しずつ異なっており、時にはお互いに批判しあうこともあった。

百家争鳴とでもいうような状態のまま敗戦を迎えてしまうこととなった。

戦後の思想界については部分的に取り上げるのみで体系的には触れなかったが、戦後も時代が下るにつれて国民精神が軽視されるようになったと言ってよいだろう。日本を守るために導入された資本主義が、いつの間にかその目的を喪失して資本主義そのものが残ってしまったともいえる。そこに敗戦が大きく関わっているのは言うまでもない。

林房雄も、『大東亜戦争肯定論』初版下巻のあとがきで、「一国の復興は、経済の繁栄だけではかることはできない。精神の確立―国民的自信の復活が肝要である。／日本は繁栄している。だが、魂の旗はまだひるがえっていない。強制された歴史の断絶と戦争犯罪者意識が、日本の大多数をいまだ無気力と泰平ムードの暗い谷間にさまよわせている」（夏目書房版『大東亜戦争肯定論』451頁、／は改行）と主張していた。林房雄もまた、これまで引用してきた多くの論客と同様に、資本主義への挑戦を口にしていた。改めてこのように多くの議論に触れてみると、不思議な心持さえしてくる。どうして資本主義と国民精神を天秤にかける議論が自覚的になされなかったのか、と。その原因を冷戦に求めることはたやすいし、それは当たっている面があるだろう。しかし、冷戦が終結して久しい今、明治時代の論客に立ち返って、国民精神の観点から弱者救済や格差の是正を訴える議論がもっと出てきてもよいし、それを当然とみなすように変わっていかなければならないと思っている。本稿でのわたしの問題意識は、一言で言ってしまえばそれに尽きる。

国民精神の再確立という大理想

平泉澄の『国史学の骨髄』は極めて印象的な一節から書き起こされている。曰く、「歴史があるのは単なる時間的経過があるのではない。歴史は高い精神作用の所産であり、人格があって初めて存在し、自覚があって初めて生じるものだ。志を立てたとき、その人にとって歴史が始まるのであって、志をもたない人間にとって歴史はただの背景でしかない。酔生夢死の徒輩、つまり何の自覚もなく享楽的な日々を送る者は歴史と無縁の連中なのだ」と述べている（1〜2頁）。厳しい言葉であり、われわれの人生に刃を突きつけるような一節であるが、非常に的確に人生を言い当てている言葉と言えよう。

おそらく日々を享楽的に生きるものにとって歴史は退屈で自らに関係ないものとしか捉えることができないに違いない。そしておそらくそういう人間は、日本が三島由紀夫の言う「無機的な、からっぽな、ニュートラルな、中間色の、富裕な、抜け目のない、或る経済的大国」（「果たし得ていない約束」『文化防衛論』ちくま文庫版、372〜373頁）になってしまうことに何も感じないか、あるいはグローバル化して良いことではないかと言い出す人たちであろう。三島はそういう人たちとは「口をきく気にもなれなくなってきている」（同前）と書いた。カネを出すか出さないかで決まってしまう日々の人間関係や生活に切なさや虚しさを感じぬ者とは、おそらくどこまで行っても平行線にしかならないだろう。

さきほど三島の有名な一節を引いたが、その前にはこんな言葉がある。「私は昭和二十年から三十二年ごろまで、大人しい芸術至上主義者だと思われていた。私はただ冷笑していたのだ。或る種のひよわな青年は、抵抗の方法として冷笑しか知らないのである。そのうちに私は、自分の冷笑、自分のシニシズムに対してこそ戦わなければならない、と感じるようになった」（同370頁）。資本主義や民主主義、それは対案のない腐敗かもしれない。だがそれを冷笑するだけでない何かを追い求めなければならないのではないか。本稿に於いてそれが成功しているかどうかはわからないが、わずかな抵抗でもしたいと考えている。

「人は、一度巡り会った人と二度と別れることはできない。なぜなら人間には記憶という能力があり、そして否が応にも記憶とともに現在を生きているからである」と、ある小説家が書いているが、おそらく人だけではなく、本にも、そして自らの心の内に思ったことからも二度と決別することはできない。本は無論、わたしの心も無限に過去とつながり、そして未来に流れていく。それはわたしの心に希望の炎をともす魂の灯篭であるとともに、ときにわたしを支配する物悲しさの種でもある。歴史は現在から切り離された「過去」ではない。そして「現在」「未来」は過去からまったく切り離された時間でもない。そこには地理的、歴史的、文化的制約がある。なぜならわたしの発想の根幹には脈々と続く日本の歴史があるからだ。歴史はわたしのこころであり、日本人それぞれのこころである。

最後に、今後の日本人に必要だと思われる態度について触れて本稿を終了することとしたい。わたしは、日本人は戦後失いかけた伝統と民族の誇りを取り戻さなければならないと思うが、皇室だけに民族の誇りや伝統を押し付けていることに反省が必要だとも思う。戦後日本は、あるいは明治時代からそうかもしれないが、伝統とか民族の魂といったものを皇室に押し付けて、富国強兵経済成長に邁進してきた側面があるからだ。したがってそれを取り戻すのは皇室ではなく、国民のほうだと思う。皇室は「私事」にされてもなお、伝統の祭祀を失われなかったし、国民の安寧を祈る心と国民の為に尽くす覚悟を持ち続けておられる。今の日本の堕落はすべて国民の側の責任である。まず国民の側が、飽食と欺瞞に満ちた「ビジネス社会」を改めてこそ、はじめて皇室の御恩に報いることが可能になる。伝統と民族の魂がなくとも政府は維持できる。しかしその政府は圧倒的暴力なしでは維持できない。その暴力とは軍事的暴力かもしれないし、金銭的暴力かもしれない。いずれにせよ幸福な社会は望むべくもない。

巷間では「保守的」とみなされる安倍政権が今、「成長戦略」と称して移民の積極的な受け入れを模索しているが、これを批判する人の少なさに絶望的な気持ちになる。しかしこれをまっとうに批判できるものはそう多くないのかもしれない。それこそが今の日本の問題点である。

日本人が歴史と伝統を重んじる心、すなわち国民精神はもうすでに自らの魂の中にあるのであって、必要なのはそれを自覚し磨き上げていくということだ。われわれは日本が経済大国だから誇るのでもなく、軍事的に優位だから日本人になりたいと思うのでもない。われわれは日本人だからこそ日本人でありたいと思うのだ。

経済力も軍事力もないよりはあったほうがよいに違いない。だがそれはいくら積み重ねたとしても、他国を凌駕したとしても、安っぽいお国自慢にしかならない。われわれの心の奥底にたぎるものはそんなものではないはずだ。日本は欠くことのできないたった一つの日本だからこそ尊い。われわれはわれわれの誇りを信じ、その源泉を訪ねることから始めようではないか。

草莽よ――あとがきにかえて

村上一郎は『草莽論』で、草莽とは「自覚ある大衆」であると論じている。草莽はたとえ家に一日の糧なくも、心は千古の憂いを懐く、民間の処士である。こうした草莽には、いかなる権力の威武も金銭の誘惑も通用しない。

草莽は精神の自立者である。何千年にも及ぶアジアの歴史の中では、こうした草莽が幾人も現れ、道《ことば》を残していった。草莽は民衆のために働くが、ほとんどの大衆はこうした草莽の志を理解することはない。それでも草莽は、声なき声を聞き、自ら信じる道に殉じるのである。こうした草莽の生きる余地は、いまの社会からは消え去ろうとしているのかもしれない。「もっと富を！」の資本主義の呼び声は、草莽を己の生活に汲々とする小人に堕そうというのだろうか。

だとすれば、資本主義との対峙は、もはや必然ではないだろうか。

もし本書がそうした明日の草莽を鼓舞するものになるとすれば、著者としてこれに勝る喜びはない。

末筆になりますが、本書に携わったすべての人に厚く御礼申し上げます。

令和元年七月一日

著者識

小野耕資（おの　こうすけ）

昭和六十年神奈川県生まれ。平成二十二年青山学院大学文学研究科史学専攻博士前期課程修了。
大アジア研究会代表、崎門学研究会副代表。里見日本文化学研究所研究員。
共著に『権藤成卿の君民共治論』（展転社、権藤成卿研究会編）がある。

資本主義の超克

思想史から見る日本の理想

令和元年八月二十七日　第一刷発行

著　者　小野　耕資

発行人　荒岩　宏奨

発　行　展　転　社

〒101-0051　東京都千代田区神田神保町2-46-402

TEL　〇三（五三一四）九四七〇

FAX　〇三（五三一四）九四八〇

振替〇〇一四〇―六―七九九九二

印刷製本　中央精版印刷

乱丁・落丁本は送料小社負担にてお取り替え致します。

定価［本体＋税］はカバーに表示してあります。

ISBN978-4-88656-488-7